名师名校名校长

凝聚名师共识
圆志名师关怀
打造名师品牌
培育名师群体

本专著系2021年广东省基础教育教研基地项目"县（市、区）教研基地"的研究成果之一；广东省教育研究院2022年度课题"小学数学真实情境下问题解决的实践研究"（项目编号：GDJY-2022-M-b4）的研究成果之一。

真实情境下儿童问题解决能力培养课例研究

ZHENSHI QINGJING XIA
ERTONG WENTI JIEJUE NENGLI PEIYANG
KELI YANJIU

程 彦 ◎ 著

东北师范大学出版社

长 春

图书在版编目（CIP）数据

真实情境下儿童问题解决能力培养课例研究 / 程彦
著. —长春：东北师范大学出版社，2022.12
ISBN 978-7-5681-7810-5

Ⅰ.①真… Ⅱ.①程… Ⅲ.①小学数学课—教学研究
Ⅳ.①G623.502

中国版本图书馆CIP数据核字（2022）第256989号

□责任编辑：石　斌　　　　　　□封面设计：言之凿
□责任校对：刘彦妮　张小娅　　□责任印制：许　冰

东北师范大学出版社出版发行
长春净月经济开发区金宝街 118 号（邮政编码：130117）
电话：0431-84568023
网址：http：//www.nenup.com
北京言之凿文化发展有限公司设计部制版
北京政采印刷服务有限公司印装
北京市中关村科技园区通州园金桥科技产业基地环科中路 17 号（邮编：101102）
2022年12月第1版　2023年5月第1次印刷
幅面尺寸：170mm×240mm　印张：11.75　字数：167千

定价：58.00元

序 言

　　1987年，当时已80多岁高龄的弗兰登塔尔（H. Freudenthal，1905—1990）到我国访问，他在华东师范大学数学系演讲，走上讲台的第一句话就是："在荷兰，中学教室里的桌椅摆法都是围成一圈，教师在学生中间活动。如果有一个学校的教室像今天这样摆桌椅，前面一张讲台，下面是一排排桌椅，那么这所中学的校长大概要被撤职了！"教室里发出一阵笑声，同时，这句话引起了人们的思索。他的演讲为我国数学教育改革提供了新的思路，他的思想对我国数学教育研究产生了积极而深远的影响。弗兰登塔尔把自己的一生献给了数学与数学教育事业。

　　根据弗兰登塔尔的分析，现代社会的数学教育不可能在短时间内发生质的飞跃。因为儿童的生理、心理发展规律，需要以直观的具体内容作为抽象形式的背景与基础，从而使儿童最终理解现代数学这一特定的数学语言表达的形式体系。因此要掌握不同层次的形式化方法，并且运用不同水平的数学语言，培养学生能够从现实背景中概括出各种数学的观念与运算，熟练地使用各种严谨的数学语言，有意识地占领并逐步建造起他们头脑中的不同形式体系，这一形式化活动的过程就必须贯串于数学教育的始终。

　　那么，在义务教育阶段，学习数学究竟是为了什么？进行数学教育，最终要得到什么效果？弗兰登塔尔认为，提出数学教育的目的，必须考虑到社会背景。首先，学生学习数学，必须学会解决实际问题，会将数学知识应用于实际生活。了解数学与外界的丰富联系，不仅使数学成为应用于实际的有效工具，而且会使人们所掌握的知识长期富有活力，可以不断地联系实际、发挥作用。其次，数学是一种不可缺少的思维训练。最后，学习数学可以培养学生解决问题的能力。人们往往对数学给予高度评价，因为它可以解决许多问题，从日常生活中遇见的计算、魔术与游戏，一直到高精尖的领域，数学都可以发挥与施展其魔力。数学还可以训练语言的表达，以精确、简洁的语言来描述现象，数学既能将问题简化，又能将问题推广，使之一般化，这样数学就从多个侧面，给人们提供了解决各种问题的手段、背景以及思维的方法，为综合地分析各种因素，顺利地解决各种实际问题创造了条件，培养了能力。

弗兰登塔尔认为，人类历史必然是一个前进的历史，只有突破了对传统、对权威的迷信，才能充分发挥科学的创造性；科学是一种活动，不是教出来的，也不是学出来的，是靠研究得来的。因而，学校的教学必须由被动地学转为主动地获得，学生应该成为教师的合作者，通过自身的实践活动来主动获取知识。

"再创造理论"是弗兰登塔尔数学教育理论最核心的部分，它建立在"数学是人类的一种活动"的理论的基础之上。他反复强调：学习数学唯一正确的方法是实行再创造，教师的任务是引导和帮助学生去进行这种再创造的工作，而不是把现成的知识灌输给学生。

数学来源于现实，也必须扎根于现实，并且应用于现实，这是弗兰登塔尔的基本出发点，也是我国数学课程标准提倡的基本思想。数学是现实世界中人类经验的总结，根据数学发展的历史，无论是数学的概念，还是数学的运算与规则，都是由于现实世界的需要而形成的。数学教育如果脱离了那些丰富多彩而又错综复杂的背景材料，就将成为"无源之水、无本之木"。

本书以弗兰登塔尔的"再创造理论"和"PBL问题教学法"为理论基础，结合笔者多年的小学数学教学与研究经验，以"基于真实情境的问题解决"为研究内容，试图揭示小学阶段"基于问题的教学"是数学课堂的真谛。培养教师基于真实情境问题解决的教学设计能力、教学实施能力和教学反思能力，实现学生从问题中生长思维、从探究中生长学力、从感悟中生长品格，是本书试图重点解决的问题。

目 录

第十章 模式引领数海扬帆

第 一 章

基于问题的数学课堂教学

一、基于问题的教学是数学课堂的有效路径

（一）学生基于问题的学习是时代发展的迫切要求

教育部于2001年6月8日颁发的《基础教育课程改革纲要（试行）》提出，新课程改革的具体目标之一是：改变课程实施过于强调接受学习、死记硬背、机械训练的现象，倡导学生主动参与、乐于探究、勤于动手，培养学生收集和处理信息的能力、获取新知识的能力、分析和解决问题的能力以及交流与合作的能力。我国新课程改革的这些具体目标要求与基于问题的学习所追求的目标要求基本上具有一致性。研究基于问题的学习，在认识上对于我国基础教育课程改革顺利推行具有一定的借鉴与启迪意义。因此，加强对基于问题的学习的研究，揭示其本质及局限性，从而将其有针对性地运用到当前课程改革实践过程中，成为实施课程改革的一个有效的切入点和突破口，最终推动我国基础教育课程改革的顺利实施。

（二）教师基于问题的教学是深化课改实践有效的切入点

当前我国新一轮课程改革的过程中，出现了诸多亟待解决的问题，这些问题集中表现为以下几点：一是轻视知识的习得。很多人把新课程改革提出的"以学生的发展为本"的发展观理解为与学习知识基础二元对立的发

展，从而轻视学科知识，使学生的能力、个性以及情感、态度、价值观等的培养失去了必需的土壤——知识基础。二是轻视教师的引导。很多人把新课程提倡学生"学会学习、自主学习"错误地理解为课堂教学就是教师不作为的学习过程，从而导致新课堂虚华浮躁，盲目追求互动。在课堂中，教师只图表面形式的热闹，如让学生自由找同伴合作或选择自己喜欢的形式学习等，一堂课下来，学生忙这忙那，从形式上看是"自主"的，但剔去作秀的成分后，课堂将所余无几，忽略了学习过程中思维训练的价值。在某种意义上看，学习的最终目的就是以知识为手段培养人们深层次的思维能力，与把学习完全等同于生活相比，前者只是关注个体人存在的外在形式，而后者关注人的思维，是真正关注人的本原（本体）。约翰·杜威（John Dewey，1859—1952）在其著作《民主主义与教育》一书中也提到过："就学生的心智而论（某些特别的肌肉能力除外），学校为学生所能做或需要做的一切，就是培养他们思维的能力，对于这一点（人们）也还没有足够的理论上的认识。"

在我国新课程改革不断深入的今天，无论是教育理论专家还是身处教学一线的教师，他们大多开始意识到课程改革实施过程中出现轻视知识习得、轻视教师引导的倾向，但鲜有人领悟新课改的实施过程中出现忽视学生思维训练这个事实及其后果，这也是2022年教育部新颁布的义务教育课程标准关注的核心和重点。导致这些问题的根源，固然有人们对课程改革本质的认识不足，但更多的是人们缺乏推行新课改思想和理念的方法，缺乏推行新课改思想和理念具体可操作的实践模式，最终导致课程改革不是又回到了改革前的位置，就是使改革走向了简单化、粗暴化、片面化和极端化。基于问题的学习，以生活中实际问题为载体、为抓手，在解决实际问题的过程中，培养学生深层次思维能力、解决问题能力、自主学习能力和合作能力，同时促进学生掌握学科基础知识。可以说，它是学生学习知识、发展能力的有效平台，是践行新课程改革思想的有效平台。这种学习方式的运用，有助于克服新课改中出现的问题，推动课程改革不断深入。

二、基于问题教学实践研究的不足局限了PBL理论的普适性

PBL（Problem-Based Learning）是一种教学方法，最早起源于20世纪50年代的医学教育，是一种"认知建构主义"方法，是将教学内容以问题的形式呈现在学生面前，学生通过分组协作找出解决问题的方法，在解决问题的同时，积累获得并更新自己的知识。PBL在高等院校的教学中应用较为普遍，但在基础教育领域，PBL的研究与应用仍有许多不足。

（一）现有研究学科领域过于狭窄，着眼于基础教育的应用研究尤为匮乏

研究层次方面：多数是针对PBL在大学范围实施情况展开研究，而针对中小学以及幼儿园的研究只有两部著作：《问题导向学习（PBL）指南》（赛米著，王维民译，北京大学医学出版社，2012年）和《基于问题的学习（PBL）在幼儿园主题探究活动中的应用》（池丽萍等著，广东教育出版社，2016年）。

研究学科类别方面：多数研究是针对PBL在某一具体学科（领域）的开展情况，如在医学、护理、生物以及网络技术等方面，面向综合学科方面的研究相对要少些。

（二）亟待应用于基础教育教学实践的普适性研究

通过中国知网查询发现，近五年有关PBL的文章多达1.4万篇，剔除掉高等教育各学科大类PBL研究的文章约1.2万篇，剩下约1200篇是基于教育理论、教育管理和初等教育的研究成果。通过检索关键词"PBL+小学"发现，有36篇文章是研究PBL教学法在小学各学科应用的，通过检索关键词"PBL+小学数学"发现，仅有14篇论文。目前PBL研究具体内容有以下几个方面：

（1）谈PBL的基本理论与方法。例如，殷如意于2017年在《湖南第一师范学院学报》上发表的《PBL的小学数学教学设计理论探析》，黄婷婷于

2019年在《软件导刊（教育技术）》上发表的《社会网络视角下PBL教学模式应用研究》，都对PBL的基本理论与方法进行了阐述。

（2）论PBL功效。在有关PBL的研究论文中，作者都不约而同地论述了实施PBL的成效，如提高了某一课程的教学效果，激发了学生主动学习的热情，等等，但缺少的是区域的整体实践带来的PBL理论在实践中的普适性的问题。

（3）同伴以及教师等学习要素对PBL有效实施的影响。在实施PBL的过程中，教师如何设计有效的问题，如何建构有效的同伴协作机制，教师在问题教学中的设计、反思以及课堂掌控能力都成为制约PBL应用效果的重要影响因素。

（4）综合论述。从已有材料整体内容来看，对PBL有宏观上的研究也有微观上的探索，有理论分析也有实践经验总结。值得一提的是，笔者发现国外大多数研究成果都是来自对本校或本地区的实践，正因如此，PBL在该地区充满旺盛的生命力。然而，这却又是这些文章存在的共同问题。研究范围的局限性，势必不利于理论构建的全面性及其推广应用的普适性，不利于不同文化背景国家的吸收与利用。这一点恰恰为我们进一步进行PBL研究提出了要求。

三、基于问题的学习方式有利于学习者对知识的掌握及综合素质发展

（一）教学的真谛在于帮助学生发展成为一个主动的学习者

教学的真谛在于帮助学生发展高层次的思维技能和灵活的知识扩充能力，最终使学生发展成为一个主动的学习者。高层次思维主要就是指问题解决、创造性思维、批判性思维与自我反省以及培养自主学习的意识和能力等思维活动。

（1）问题解决：基于问题的学习，其主线活动是解决问题，学生常常围绕着问题的解决去收集一些信息，然后评估这些信息的可信性和有效性，设计具体的解决问题的方案，在设计过程中，学生必须进行一系列的解决问题的思维活动，如界定问题、分析问题、提出假设、搜集资料以及验证假设等。在这一解决问题的过程中，学生的判断、分析、推理等一系列的思维能力得到了很好的锻炼和提高。

（2）创造性思维：创造性思维是指思维与想象的有机统一。它是在现成资料的基础上，进行想象并加以构思得以实现的。在开展基于问题的学习过程中，由于问题是开放式的，没有现成的答案，学生需要就现有条件发挥想象，进行创造性的构思。例如，思维尽可能发散，学生之间相互启发，各自提出不同的想法，等等。

（3）批判性思维与自我反省：批判性思维是指实事求是的、严密的、自我反省的思维。它属于反省思维的一种。其特点是能正确地评价已有的事实，并在此基础上合理地提出假设和验证假设。在基于问题的学习过程中，学生因为最终要彼此评论各自的工作和想法，所以需要进行自主而积极的批判性思维，评价别人并提出个人的看法与见解。而且，学生解决问题是为了从问题解决过程中反思和抽象出专业知识、解决问题的策略以及学习策略，学生必须进行元认知反思活动。由此可见，PBL为学生提供了许多发展并实践他们的综合技能的机会。发展学生综合思维能力是PBL追求的另一个目标。

（4）培养自主学习的意识和能力：自主学习是元认知的一种形式，主要表现为自己对问题解决有清醒的认识，如能意识到要解决所面临的问题需要哪些条件、已知什么条件、未知的又是什么条件，以及如何制定策略去跨越其间的鸿沟，等等。自主学习是一种主动学习、独立学习、元认知监控学习和发现学习，是学生能自觉地担负起学习的责任，不断挖掘潜在的独立学习能力，在学习过程中进行自我计划、自我调整、自我指导、自我强化，不断发现问题、提出问题、分析问题和解决问题，强调个性的学习活动过程。通过PBL，学生需要设置学习目标、收集和整理学习资料、制定学习策略、开展独立的探究，并进行自我激励、自我引导的学习，将新建构的知识应用到复杂的问题解决之中，还需要监控和反思解决问题的过程。通过这一系列的活动，学生逐渐成为独立自主的思考者和学习者，自主学习能力得以发展。

（二）有利于发展学生的综合素养

基于问题的学习方法有利于思维品质的培养，主要表现在思维的准确性、思维的深刻性、思维的求异性、思维的创造性和思维的批判性等方面。

（1）思维的准确性：教师角色的双重性对培养学生思维的准确性起到巨大的作用。在基于问题的学习中，教师一般具有双重角色，是问题解决的参与者，即学生解决问题过程中的同伴；又是认知教练，要对学生的思维进行监控和指导。教师在学生可能遇到问题之前，要进行前瞻性预测，做好先期的调控，避免学生走弯路；在学生感到困惑或遇到难以解决的问题时，要给予适当的引导和点拨，让学生得以摆脱困惑，做出选择；在学生进行分析、推理并做出假设时，要提醒他们为什么运用这种方法，促使学生理解他们使用过的思维策略，以进行元认知监控；在学生解决问题之后，要鼓励他们从问题解决的过程中进行反思，抽象出专业知识和解决问题的策略以及学习策略等，促进学生再次进行元认知反思活动。这样，教师一步步对学生的认知、元认知的指导和监控，有助于他们思维准确性的培养。

（2）思维的深刻性：基于问题的学习，即通过解决复杂的问题有利于学生对事物的深度理解，帮助学生透过现象看到本质。例如，在美国一所小学的科学课上，师生们开展了一次这样的基于问题的学习：有一颗类似于地球的行星，它上面的生物圈遭受过大规模的破坏。教师问学生：是什么导致了那些生物遭到破坏？能否成功地从地球上移植植物去保护那颗行星上的自然环境？怎样才能找到这些问题的答案？这些问题需要学生动脑筋去思考，去发现事物之间的相互联系，从而促使学生思维深入发展。

（3）思维的求异性：培养学生思维的求异性是开展基于问题的学习的又一价值所在。例如，在美国一所小学一年级的课堂上，教师让学生讨论一只鸡有几条腿。由于小朋友们生活在大都市，在生活中很少看到过活的鸡，因此他们分组展开调查讨论。当最后各小组汇报讨论结果时，令人出乎意料的是，他们的答案不尽相同。有小组这样汇报："通过调查讨论，我们一致认为鸡有六条腿，因为平时我们家里吃鸡时，餐桌上盘子里经常摆满了鸡腿，很多很多，所以我们认为一只鸡肯定不止两条腿，至少也有六条腿。"一般来说，一个小学生，尤其是一年级的学生，易于接受现成的事实，但是这个小组从他们的实际生活经验出发，进行推理并得出不同一般的结论。我们姑且不论该答案的对错，就这一思维本身来说，它是个性化思维，是异性思维的创造性内容。

（4）思维的创造性。在基于问题的学习过程中，学生要解决问题，因而去查找相关资料，获取问题相关的知识，再应用新学到的知识重新分析问题、提出自己的假设，这一过程本身就是一个创造性的过程。在这一过程中学生需要对一个问题从不同方面、不同角度、非常规地去思考，探求新异的解答方法。无论这些方法是否可行，无论结论是否唯一正确，我们从结论的获得过程来看，不断经历提出假设再否定假设，再提出新的假设，每一次假设都是一次创新。从这种独特的学习过程维度可见，基于问题的学习有助于学生思维的创造性培养。

（5）思维的批判性：在基于问题的学习过程中，学习是通过创设丰富的问题情境来完成的，这种问题情境与现实世界的许多情境是类似的，以这种方式学习的学生不仅能够在问题的各个项目之间选出正确的答案，而且能够精细地找出问题的重点以及这些问题与现实世界千丝万缕的关系。因此，他们不仅仅知道这些知识在现实中的用处所在，更重要的是，他们具有了在现实中运用这些知识的体验。

由于在基于问题的学习中学生的思维、理解与现实世界的问题情境相联系、相类似，因此他们知道这些知识在现实世界中有何用处，具有在现实世界中运用这些知识的体验。这样，今后遇到实际问题时，学生就知道何时运用这方面知识以及如何运用它去解决那些类似的问题。1993年威斯丁豪斯科学天才竞赛奖（Westinghouse Science Talant Search Competition）获得者伊丽莎白·派因（Elizabeth Pine）说："我在汤普森的PBL学习中所学到的知识和技能对我大学的学习和科研都有很大的帮助……能使一个完全无知的人具有一些知识，而且能切切实实地解决一些问题的知识的学习过程和思考过程是非常重要而有价值的，PBL学习就能让大家去经历这样的过程。"

（三）有利于学习兴趣的培养

在心理学中，兴趣是指个体积极探索事物的倾向，它使个体对某事物给予注意，并带有积极的情绪色彩。它是提高学生学习有效性的一个重要因素。基于问题的学习有助于学生培养学习兴趣，主要表现在问题情境的真实性。基于问题的学习选择真实的问题情境作为学习的起点，易于激发师生的学习兴趣。美国亚拉巴马州的桑福德大学教授玛萨（Martha Ralls）与一位中学校长乔伊·布朗（Joy Brown）合作，他们首先在中学实施PBL学习，最后他们得出如下结论："在PBL学习的过程中，我看到的最闪烁、最吸引人的东西就是兴趣。学生一个个都很投入、很专注，他们的眼神中充满着好奇和兴奋，他们在为问题寻找答案，他们在不断地挑战自己。这就是真正的生活、有趣的生活。这个班我已经来过很多次了，每次都发现他们浓厚的学习兴趣非同一般。"

（四）有利于科学精神与合作意识的培养

科学精神主要指一个人对科学有着积极的追求，对事物具有科学的态度和行为倾向，具有科学的思维习惯等品质。它是个体对科学执着追求进行探索的内在动力。事实证明：大凡成为科学家的如牛顿、爱因斯坦、霍金等，他们都有对科学执着追求的科学精神。社会文明、人类进步、科学技术的不断发展都离不开科学精神。

在基于问题的学习中，学生通过科学探究活动，践行着对科学、对真理的追求，克服重重困难探求真理，寻求科学的结论，以严谨的科学态度实事求是地对待学习活动的每一个步骤，并以科学的思维方法来分析、综合所观察到的种种科学事实。在遇到实际问题时，他们还主动尝试着从科学的角度，运用所学的知识和方法探索解决问题的策略。学生的科学精神正是在这些实际的探究活动中培养起来的。

基于问题的学习还十分注重合作能力与合作意识的培养。这种合作形式不拘一格，主要包括小组内部成员间的合作、组与组之间的合作，以及他们与指导教师、社区成员、机关团体等组外人士的合作。在这些合作与交往的过程中，学习者的合作意识逐渐增强，合作能力逐步得到提高。约翰·阿波特积极呼吁人们要培养"新型的能力结构"，他认为在当今急剧变化的世界中，要想取得成功，具有定义、解决问题等新型能力相当重要。约翰·阿波特提出，为了形成新型的能力结构必须培养四种新型的能力，其中之一就是合作能力，即能够与人合作共同创造知识的能力。

（五）有利于创造性思维的培养

在基于问题的学习过程中，学生要解决问题，就必须去查找相关资料，获取问题相关的知识，再应用新学到的知识重新分析问题，提出自己的假设，这一过程本身就是一个创造性的过程。在这一过程中，学生需要对一个问题从不同方面、不同角度非常规地去思考，探求新异的解答方法。无论这些方法是否可行、结论是否唯一正确，我们从结论的获得过程来看，从提出假设再否定假设，再提出新的假设，每一次假设都是一次创新。从这种独特的学习过程可见，基于问题的学习有助于学生创造性思维培养。

（六）有利于学习者对知识的掌握

基于问题的学习方式，有利于学习者对知识的掌握。主要表现为以下几个方面：

（1）有助于知识的理解与保持。在基于问题的学习中，知识是学习者在解决实际问题的过程中或者是人在与客观真实世界相互作用的过程中形成并在头脑中逐步建构起来的，其中包含个体的思索、发现、探索和应用过程。对于形成于自己头脑里的知识，学习者必定达到了深刻理解的程度。教育心理学研究表明，深刻理解知识有助于长时记忆，即对知识的长久保持。建构主义理论认为，知识并不是人们大脑中对真实世界的表征，也不是与现实的

"匹配"，而是个体所建构的一种有序的概念集。每个人都通过自己对世界、对生活的认识来建构自己的知识，而且建构出具有个性特征的知识。这种属于个体的知识必然是不易忘记的。可以说，就知识的生成性而言，基于问题的学习是建构主义理论的一个很好的例证，它充分说明了基于问题的学习方法有助于知识的理解与长时保持。

（2）有助于知识的应用与迁移。美国北伊利诺斯大学教授戴安娜和哈姆梅尔曼这样描述PBL学习者的情况：PBL学习者形成思维习惯与专业技能时，总是要问："为什么我们要学这个？我们什么时候会用这些技能？"而在基于问题的学习中，你给他们创设的真实情境就是一个很具体、真实、有说服力的理由。由于问题情境的真实性，学习者总是把解决目前的问题与现实生活中需要解决的问题联系在一起，极大地增强了学习的兴趣。

（3）刺激学生在学习过程中充当真实性角色。在基于问题的学习过程中，学习者往往被赋予一个与问题解决相关的真实角色。例如，在八年级学生地理课上，大家讨论关于校园环境保护的问题，如果你让一名同学扮演一个很有权力的角色，如校长，他就会努力地去胜任那份工作。他会大胆地走上台去，放开嗓门儿，大声地说道："请安静，请大家（坐在下面的都是自己的同学和老师）认真听好……我们要为我们学校办一些实事——一些能切实给大家带来实际意义的实事……"因为扮演真实性角色符合学生乐于模仿的天性，能刺激学生积极地投入，增强学习兴趣。

（4）在成功与失败中增强学习兴趣。心理学研究表明，儿童都具有一定程度的探求未知的欲望，也就是说具有求知欲、探索欲等内在的认识兴趣和需要，这些欲望和需要在认识活动取得成功的情况下还会得到强化。在基于问题的学习中，为了解决问题，满足自己求知的欲望，学生主动探索，寻找问题解决的方案，体验一次次的成功与失败，学习兴趣空前高涨。

（七）有利于学习者终身学习能力的培养

基于问题的学习有助于培养学习者的终身学习能力，这主要表现在以下几点：

（1）基于问题的学习形式是学习者的自主性学习。学习者自己设定学习目标并展开实现目标的活动。尽管个人探索的成果须经小组讨论、批判，以充分利用集体的力量，但是大多数时间还是以个人自主学习为主。这样学习者会逐步养成独立学习的意识和能力，逐步掌握学习和探索问题的方法与技能，更重要的是，为今后走出校门独立学习乃至终身学习打下了实践基础。

（2）基于问题的学习注重问题解决后的反思活动。学习者在知识发生过程中习得终身学习所需的重要的元认知技能。简单地说，元认知就是对认知的认知，其在基于问题的学习过程中包括思考自己为什么提出这样的问题，解决问题的假设是否合理，是否需要重新考虑，采用的推理方法是否正确，某个具体想法是怎样与全部事实相联系的，等等。元认知技能的养成将为今后在没有教师指导的情况下开展自主学习和终身学习提供质量保证。

（3）终身学习能力已经成为国家培养人才的目标之一。随着一个个问题得到解决，学习过程在不断增强学习者进行研究和探索的内在动机，形成终身学习的动力之源。培养学习者终身学习的能力，建设学习型社会，是时代发展的必然要求。人类进入信息技术时代，知识经济初露端倪，社会生活中知识、科学技术成分大大提高。在这样的背景下，仅靠在学校里获得的有限知识与技能，远远不能满足社会生活的需要，客观上要求人们毕业后必须继续学习、不断发展，紧跟时代节奏。

第 二 章

未来教育中的数学课堂

一、"草根探索者"的行动在诠释着"核心素养"理念

（一）"三峡之春·未来课堂"

随着"核心素养"成为新一轮课程改革的顶层设计，随着微课、慕课、翻转课堂等形式的兴起，随着"自带设备"（BYOD）学习、大数据等教育信息技术的蓬勃发展，随着数学实验课、数学绘本课、数学阅读课等课程边界的拓展，随着"大问题"教学、"全景式""分享式""深度学习"教学等课程转型的实践……未来已来，而且正逐渐将所有的学校、教师卷入其浩浩荡荡的潮流之中。那未来的数学课堂到底是什么样的呢？2016年5月在湖北省宜昌市举办的"三峡之春·未来课堂"全国小学数学课堂与教学观摩研讨会中，既有"高大上"的专家学者、特级教师，也有来自基层的"草根探索者"；既有对常识回归的深度研讨，也有对数学课程边界的拓展实践。"管中窥豹，可见一斑"，可以说，未来数学课堂的样子从本次活动上初见端倪。本次研讨会的课程特色：通过我国香港、台湾名师引领示范，英国、芬兰教育观察人现身说法，不仅开阔了视野，而且全方位地剖析了未来教育之变，展示了未来课堂图景，体现了未来教育趋势：由课堂到课程，由单一

到多元，由分科到综合，引领教学改革潮流。最后，回归教育理念，示范引领落地，去创新课程教学，以理念指导行动，以行动诠释理念的思考力、践行力！

（二）"让每一位教师成为网红教师"

引领未来数学课堂教学的专家很多。黎家厚教授通过一个非常接地气的主题——《让每一位教师成为网红教师》，借"网红"现象分析技术进步给教育带来的挑战和机遇。原来，成为"网红教师"只需要三个条件：设备（手机、电脑、iPad等）、教学经验和热情。也就是说，成为"网红教师"的门槛并不高！然而，门槛不高并不意味着人人都能成功。据统计，上海的"自由教师"规模上万人，且不乏年薪百万的教师，但真正要成为网红教师，却需要教师投入热情、精力和创意！黎加厚教授以网红"石榴婆"为例，分享了互联网时代成功的几大秘诀：建立关系、填补空白、精准定位等。在整个讲座过程中，黎加厚教授一直在强化Learning by doing的理念，全程十几次请参训教师扫描二维码，现场参与微弹幕、问卷星等的问答与互动，让参训教师切身感受技术对人们的表达方式、认知方式以及对教师教学方式的巨大改变。

（三）大数据告诉我们什么

北师大教育创新研究院刘坚院长以一个学者的情怀（感性）和学术的功力（大数据、理性），引领参会教师观看了小学数学教育现状的另外一个侧面，并阐释了未来小学数学教育的走向。刘院长运用大数据技术，用详尽的数据客观地分析了中国小学数学教育的现状：

（1）考试"成绩好"是中国教学的基因。OECD（经济合作与发展组织）的PISA（国际学生评估项目）测试，在国际上能够很好地预测学生的问题解决能力，但是这一预测模型却在中国教育上"失灵"了。这是否说明，中国基础教育的优势太强，但学生的问题解决能力却不强？

（2）"过程"在教学中更应该得到关注。教师在关注教学结果的同时，更应该关注学生学习的过程。在课堂上让学生清晰地表达并写出自己的想法，对学生的成长是有帮助的。基于理解的记忆比从记忆到记忆的效果更好；理解，对基本的读写算能力也有帮助。

（3）师生关系是学业成绩的晴雨表。师生关系好，学生能感受到公正公平，感受到自己的想法被关注，成绩往往会更好。

（4）把学习的主动权还给学生。教师的教学能否给学生带来高质量的学习和生存发展呢？师生学习共同体有质量，不是用简单的一个"放"字就能体现的，其对教师的挑战更大。刘院长以两个小细节为例（小组合作展示的时候，一个学生写粉笔字，另一个学生主动扶住黑板；展示实物投影时，一个学生要腾出双手操作，另一个学生主动拿话筒），指出，在课堂上孩子之间这样不经意的合作、帮助之中，蕴含着核心素养的秘密。

让课堂更多地关注善良与公正、个性与独立性，更多地关注合作精神与社会责任感，更多地关注创造性与批判性思考，这是未来教育的方向。有了方向，前行的人就不怕道路漫长。

（四）未来教育中的课堂实践

如果说刘坚院长指出了未来数学课堂的发展方向，那么，研讨会上的观摩课可以说是对未来课堂风景的具体呈现。深圳教科院培训部主任、特级教师黄爱华展示的是"研究大问题，提供大空间，呈现大格局"。

（1）课堂：让孩子们感觉到生命成长的意义。黄爱华老师的课例"五年级'方程的意义'"，首先，让学生围绕"方程"提问，教师调控并将学生的雏形问题引向本课的教学目标，提炼出三个核心问题并写在黑板上：①什么是方程？②怎么列方程？③方程有什么用？接着，让学生自主学习探究。有了自主思考的基础，同桌交流书上的四幅图。然后，请四名学生合作，像电视连续剧一样把四幅图演一演。在教师的引导下，学生在清晰、完整、趣味连连的讲述中，发现四幅图其实就是在"找平衡"，方程意义的归纳水到渠成。"找平衡"上的不惜笔墨也为后面列方程和用方程打下了坚实的基础。课后，他还引导学生总结了他们喜欢的课堂：要有趣，多让他们思考和动笔，说错了没人笑话，生动，自由，幽默，让他们自己探索问题，等等。孩子们的回答，居然没有一条和教师的专业素养有关，而是和教师自己是不是一个有趣、丰富、公正的人有关。这恰恰提醒了我们教学的关注点。可以说，黄爱华老师的课堂是生命教育的课堂，让孩子们感觉到了生命成长的意义，让教师感受到了学生生命的可贵。

（2）教学：教学内容要结合"大问题"。黄爱华老师认为，课堂教学的核心技术是提问，教学内容要结合"大问题"。一节好的课堂一定有两三个很棒的问题，一个好教师也一定善于提出问题。什么是"大问题"？这是课堂教学中的核心问题，是教学中的基本问题。"大问题"怎么生成？教师在课堂上如何面对"大问题"的生成？黄爱华老师通过微格研修，以"倒数的认识"为例，让参会的教师当学生，模拟上课，进行了生动、具体的展示。

（五）教师的教在于"相机诱导"

"如何让改变发生？"江苏省南京师范大学附属小学副校长、特级教师贲友林老师给出了答案。

（1）和学生一起设计复习课。复习课怎么上一直是困扰一线数学教师的问题。贲老师展示的是六年级复习课《平面图形的面积》。课前，让学生用表格或画图的方式自主整理平面图形面积计算的知识；课中，在寻找关联图形的过程中，引导学生建立知识间的联系。这节课是贲老师2001年参加全国比赛获一等奖的课，对比当年的教学设计，贲老师做了详尽的分析。可以说，两份教学设计的调整正是教师关注点的转移。教师之为教，不在全盘授予，而在相机诱导，使教学设计从"为教师的设计"转变为"为学生的设计"，直至"和学生一起设计"。

（2）以"真问题"引导学生的知识生成。由单一走向多元，由静态走向动态，由关注预设走向动态生成、深入互动。贲老师指出，每位教师都需要有与自己"同课异构"的自觉，对于同一内容，应该及时对自己原先的教学方案进行刷新，而非将曾经的教学方法与经验简单复制到当下的课堂中去。未来课堂，少了预设，多了生成，在开放性的教学过程中研讨学生的"真问题"，教师从"学"的视角重构课堂，以学生已有知识和观念作为新教学的起点。

（六）"讲道理"的数学课堂

要上课了，却发现课件还在家里，怎么办？没有课件的公开课怎么上？福建省小学数学教研员罗鸣亮用一支粉笔、几件学具就让《平行四边形和梯形》的课堂风生水起；一份礼物、两个信封，整堂课让孩子们带着好奇心猜想、见证，讲道理、玩游戏，在对比和辩论中，教学难点"什么是梯形""长方形为什么是特殊的平行四边形"被一一攻破。没有课件的"裸课"，展示的是罗鸣亮老师不同凡响的专业功底，很好地诠释了简约而不简单的意蕴。孩子们在学习的过程中，一直意犹未尽，整堂课都沉浸在快乐当中。这样的课不仅在城市可以上，在农村也可以上。

细细想来，好课都有相同的光泽：考虑儿童特点，考虑学科教学的合理逻辑，问题大，有价值，学生产生多元想法，互动交流获得共识，整个教学过程的推进顺势而为——或是对学生精彩想法的"放大"，或是对学生表达不清的明晰，或是对学习内容中重点、难点、关键的聚焦，或是对学生学习中疑点、误点的关注，或是凸显对"方法"的提炼、对"思想"的感悟。

二、未来数学课程的疆域拓展

数学的课程实践是对数学课程边界的有效拓展。它有趣、好玩、有意义，无疑给了学生更多爱上数学的理由，也为我们打开了教学的视野。今天，我们需要重新审视课堂，让深度对话成为常态，我们需要思考各种课型各个领域之间的逻辑联系，有自觉选择载体的意识。今天，我们就是要在过去、未来，自己、别人的坐标中，确立自己的教学理念，找到教学前进的方向。作为数学教师，"千江有水千江月，万里无云万里天。"且看我们走在追寻的路上！

以下是五节有别于常规课型的数学课。

（一）数学活动与魔术游戏

江苏太仓实验小学吴振亚老师展示了数学魔术课——《骰子的秘密》。这堂数学魔术课分为三步：第一步，猜测；第二步，验证和解密；第三步，创新。教学过程展示了教师的课堂魅力和学生的创造力，课后的两个魔术互动更是吸引了所有与会教师的目光，让人迫切地想弄清楚其背后隐藏的数学原理。吴振亚老师主张在玩中学数学，不拖堂，让孩子们从传统的被动学习中解放出来，多玩魔方之类的益智玩具。孩子们爱数学，才能学好数学。数学魔术与数学活动最大的区别在于：魔术是不可思议的。

（二）数学课中的尝试与创造

杭州天长小学吴恢銮老师展示的是一年级数学实验课——《玩转数字天平》，让数学素养的渗透润物无声。为什么要开设数学实验课？20世纪80年代，我们看重知识，90年代，我们关注能力，21世纪，我们关注孩子的核心素养。孩子在常规的国际课程中学数学，数学思维的严谨度虽够，开放性却不够。但数学实验课却为孩子的尝试和创造提供了无限可能：可视性、尝试性、创造性。数学实验课程分为5个模块：数量与运算、模式与关系、图形与测量、统计与概率、拓扑与变换。课时安排为60分钟，要用到数学实验室。

（三）数学逻辑中的阅读能力

杭州萧山高桥小学沈洋老师展示了数学绘本课——《古罗马人的数字》。沈老师近几年一直致力于小学数学绘本课程开发，并且在预学后教的策略下努力打造高效的探究课堂，提出了一些具有个人特色、观点鲜明的见解。他主张用绘本给孩子一个爱上数学的理由，不仅让孩子们知道数是怎么来的，也希望能让孩子知道数为什么要这样写。数学绘本的优势简单来说就是充满童真童趣，给孩子提供一个缓慢品味和成长的可能。那么什么时候阅读，怎么阅读呢？他提倡课前初读完成预学，课中阅读创设情境，课后阅读梳理小结。通过沈洋老师的引领，我们知道原来数学也是可以被阅读的！我们要重新思考数学各种课型各个领域之间的逻辑联系，要有一种选择载体的意识。

（四）数学中的和谐与美感

杭州时代小学唐彩斌校长展示的数学欣赏课——《美妙的螺旋线》，通过观察、计算，从数学的角度解释了螺旋线美丽的秘密。从电影《达·芬奇密码》的破译，到欣赏图片，如松果、芦荟、蜗牛、花菜、飓风、银河系、建筑、耳朵、iPhone商标等图片，最后到黄金分割线，无处不展现着数学之美。唐老师通过对斐波那契数列的介绍，让学生去发现生活中的数学之美，从而进入美轮美奂的数学世界，在不知不觉中学会用数学的眼光分析生活中的现象，这给学生树立学科美感和好感带来了极大的助益。这节课让我对这样的数学欣赏课有了初步的了解，或是从形到数，或是从数回到形，都离不开数形结合的思想。回到生活，学生感受了数学的和谐美感，体会到万物皆数，都是由一定数字比例派生出来的。这种整体观念下的系统化布局、提升数学文化思想的观念值得我们学习。

（五）数学课中的科学知识应用

来自我国台湾的STEAM课程专家唐伟成展示了四年级STEAM课程——《漂浮笔》，着眼于学生问题解决能力的培养。STEAM是非常前沿的理念，其中涉及学科的融合，而数学在其中发挥了工具的作用。人要有思考，才能往前进，要想获得思维方法就必须去亲自实践。当然，在这个过程中更重要的是数学，科学必须用数学的文字和语言来表达，才能构成最简单、最和谐的形式。没有数学，科学无法前进；没有数学，科学无法进行预测，实验无法重复。我们所有的教学都要培养学生解决问题的能力，解决问题的能力代表了国家的竞争力，学生解决问题能力不足则代表国家未来竞争力不足，问题的解决永远是最重要的。之所以在《漂浮笔》这节课的教学中让孩子做实验，是想告诉孩子所有的科学知识必须被应用，所有的科学知识必须有生活上的意义与目的。如果知识不能运用，对我们的大脑来说就是库存，就是记忆力，记忆策略会占据我们很多的脑容量，会让我们的创意与批判力下降。

第 三 章
主题式研修的主题选择与研修路径

一、从实际问题出发的主题式研修

（一）教研、科研、培训、信息四位一体的主题导研模式

主题式研修，着眼于从学校和教师所面临的各种实际问题出发，将问题形成主题，有针对性地开展研修活动，最终达到解决问题、改进教育教学、实现教师专业成长的目的。

广州市花都区小学数学学科在区域统筹下，坚持课题引领、信息技术赋能、教师专业成长路径，提出主题式研修的意义及初步解决方案；借助研修共同体有效解决研修过程中的智力支持问题，促进课堂教学改革向纵深发展，提升课堂教学效率；建设数学学科基地学校，构建教研、科研、培训、信息四位一体培养方式，建立"1+3"主题导研模式，着眼教师在教研活动中的真实表现，使教师经历"认识—实践—再认识—再实践"螺旋上升的认知优化与重组建构过程；以整体化、结构化、系列化的方式促进教师突破专业发展瓶颈，经过文献研究—理论提升—课堂实践—策略提炼四阶段的研制历程，推动区域内数学教师专业发展，为校本研修提供实践样本。主题式研修难点在于教师如何进行主题选择。鉴于实际状况，主题的产生包括由学科供给主题、科组共同主题和个人自悟主题三种形式。

（二）主题式研修：源于课堂调研的共同问题

经过深入我区五个片区大多数学校的课堂听课调研，我们发现，在课堂管理方面，教师对于课型的把握、课堂结构的安排和时间管理比较随意，往往会在一节新授课最黄金的时段进行前一节课知识的复习或重复机械的训练，学生难有机会和时间合作探索、动手操作、汇报交流，教学内容经常无法在计划内完成，更不用说开展深度学习以及对学生进行高阶思维能力的培养；教学方式依然以"满堂灌"为主，学生仍处于被动式学习状态，课堂上鲜有互动，新授课也经常以大量机械的练习充斥整个课堂。关于评价反馈，首先，教师对于课堂上学生的反馈缺乏回应，也没有将课外练习的批改结果及时反馈给学生，因此无法深入了解学生的学习状况与学习成效，教学针对性不强。其次，评价仅限于纸笔测试，而且只提供测试的分数，基本不会帮助学生去分析分数形成的原因。

（三）主题式研修：源于质量监测中现存的问题

基于我区2018年数学学科的国家义务教育质量监测结果，我们选取了学生的数学学业成绩、数学学业表现水平中等及以上的比例、数学学业均衡、数学学习兴趣、数学学习自信心、数学学习焦虑、数学课时达标率、数学作业时间、对数学教师的喜爱程度、数学教师课堂管理10个方面作为监测指标，将参与本次监测的331个样本县的10个方面分别排序，并分成10个等级，从前到后排列依次是10★、9★、8★……1★。星的数量越多表示该县在331个样本县中的相对位置越靠前。2018年花都区四年级数学国测总体等级见表3-1。

表3-1　2018年花都区四年级数学国测总体等级

监测指标	四年级	监测指标	四年级
数学学业成绩	4★	数学学习焦虑	4★
数学教师课堂管理	2★	数学课时达标率	7★
数学学业均衡	6★	工作日数学作业时间	4★

续 表

监测指标	四年级	监测指标	四年级
数学学习兴趣	2★	周末数学作业时间	7★
数学学习自信心	3★	对数学教师的喜爱程度	3★
数学学业表现水平中等及以上的比例	5★	—	

从表3-1可以看出，花都区数学教师的课堂管理能力以及学生对数学学科的学习兴趣明显不足；从测试结果分析报告可以看出，花都区学生运算能力、空间想象能力、数据分析能力、推理能力、问题解决能力较低，尤其是问题解决能力亟待加强。

（四）主题式研修：源于课程改革中的核心问题

在义务教育阶段，学习数学究竟是为了什么？进行数学教育，最终要达到什么效果？著名数学家弗兰登塔尔认为，学生学习数学，必须学会将数学知识运用于具体现实。另外，学生参与的广度、深度和态度对教学效果和质量有着重要的影响。学生真正投入学习，参与各项学习活动，是保证学习效果、提升学生素养的最关键因素。因此，花都区小学数学学科提出"基于学生立场的真实问题解决"的研修主题，由此构建解决方案、优化研究过程、指向研修实效。

二、主题式研修的实施

（一）区教研院—片区教育指导中心—学校—教研组"四级研修

通过"区教研院—片区教育指导中心—学校—教研组"四级研修，协同分层教研管理，构建上下联动、相互协作的教科研工作运行体系。通过"高校学科专家、学科教研员、骨干教师"组成的研修共同体，采用线上线下混合式研修方式，以研修活动为载体，将教学研究和教师培训活动整合起来，打造教师专业发展新型共同体，为共同体中各成员的专业发展提供平台，逐渐形成指向研修实效的问题解决流程。

（二）以课例作为载体的理论研修

下面以人教版六年级上册"确定起跑线"为课例，阐述整个研修过程。

（1）对标课程与教材。引导教师研读新课程标准、理论书籍和教材。在研修活动开始之前，区教研院学科教研负责人在线上发布研修方案，包括研修主题及与主题相关的文本、课例、视频等资源，成员提前参与研究并针对研究做好文本记录发送至研修平台。对于主题研究产生的问题有：什么是真实的数学问题，为什么要在真实情境下解决数学问题，如何在真实情境下进行数学问题的解决，等等。

（2）以课例作为载体。针对上述与主题相关的问题，以课例作为载体，通过对主题引领下相关文献的研究，确定本节课的学习目标：学生会用数学的眼光观察跑道中的起跑线位置，发现其与数学的联系，提出相应的数学问题并用数学的语言描述；尝试分析、探究起跑线问题背后的数学逻辑，建立解决此类问题的模型结构，能够全面、深刻、灵活地解决生活中的相关问题；进一步涵养提升几何直观、推理意识、应用和创新意识、运算能力等数学学科核心素养。

（3）教学预案的讨论与整合。学习目标确立之后，进行教学预案的讨论与整合，确定1.0版教学方案。为了培养团队中每一位教师的参与意识，我们利用信息化手段随机"挑人"的方式确定首轮教学实践教师，其他教师参与课堂教学改进与提升的全过程。在连续几次的教学实践中，每位教师都能成为研修活动的主体，每位教师都能实现不同程度的专业提升。

三、基于课堂的教学实践研修

课堂实践研究分为四个环节：教学设计、课堂实施（同步进行课堂观察）、反思改进、撰写案例。其中，课堂实施作为学校教育中主要的教学组织方式，是学生实现学科核心素养提升的重要途径。

（一）实践研修的教学设计

"确定起跑线"内容属于"综合与实践"领域，前知识点是圆的"概念"和"周长"，包含了图形的认识、测量、数据调查、计算、推理等多方面的数学知识与技能，具有较强的综合性。

学习目标在于：培养学生用数学的眼光发现生活中的数学问题，学会应用所学的数学知识解决生活中的实际问题，进一步提高问题解决的能力；同时，让学生经历发现和提出问题、分析和解答问题的过程，积累相应的数学活动经验，体会数学抽象、数学推理等数学思想，发展数学思维能力。

（二）实践研修的课堂实施

（1）发现和提出问题。

结合教材内容，教师在开课之初呈现了一段奥运会100 m（图3-1）和400 m（图3-2）比赛的真实情境，请学生观察、对比两项比赛，引导学生思考二者在比赛规则上有什么不同。学生通过对起跑线位置的关注，进一步提出更多的数学问题。例如：是不是起跑线上前面的选手跑的路程更短些？比赛是公平的，每个人跑的路程应该同样长，那为什么起跑线不同呢？难道每条跑道的终点都不同？

图3-1

图3-2

通过实地观察、测量，学生发现"每条跑道的终点是相同的，但外圈和内圈的长度不同"，因此得出结论——如果起跑线相同的话，外圈的人跑的距离长，不公平。所以外圈跑道的起跑线位置应该向前移。在此认知基础上，教师很自然地提出本活动的核心问题：各条跑道的起跑线应相差多少米，即如何确定每条跑道的起跑线？也就是说，要确定2至8道选手的起跑线位置，必须测量出哪些数据？学生的反馈为：需要知道直道的长度、弯道的直径或半径以及道宽。

从学生熟悉的生活现象中提出数学问题，引发学生对起跑线位置的思考，为课堂深入研究"如何确定起跑线的位置"打下了基础。

（2）分析和解决问题。

提出问题之后，各小组同学到操场对直道的长度、弯道的直径或半径以及道宽进行实测，学生了解到一个标准运动场环形跑道的结构以及各部分的数据。标准运动场中间是个矩形，两边分别是两个半圆。

人教版数学教材六年级上册第79页第1幅图（图3-3），呈现了带有小组同学测量相关数据的场景，长方形的长是85.96米，宽是72.6米。跑道是由一些平行线段和一些同心的半圆组成的。这些平行线段的长度是85.96米，最内侧半圆的直径为72.6米，越往外侧，半圆的直径越大，每条跑道宽度为

1.25米。短跑比赛时，不允许变更跑道，但在过弯道时，选手一般会紧靠跑道内侧跑，因为这样距离最短。

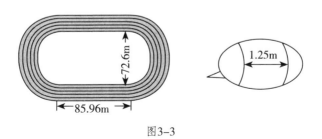

图3-3

学生对已获得的数据进行整理，通过讨论明确以下信息：两个半圆形跑道合在一起就是一个圆；各条跑道直道长度相等；每圈跑道的长度等于两个半圆形合成的圆的周长加上两个直道的长度，因为直道长度都一样，跑道的差，其实就是两个圆的周长差，不需要测量"弯道的直径或半径"，只需要测量出"道宽"就可以了，然后用"道宽×2×π"。学生结合实际情境发现和提出问题，把之前学过的知识关联起来，根据具体问题制订方案，在解决实际问题的过程中，能清晰地表达解决问题的思路，并能反思结果的合理性。

（3）发现和提出新的问题。

问题解决不应止于解决某个具体问题，而应在此基础上引发进一步的思考：除了400米跑，200米跑项目的起跑点如何确定？学生很快推导出：跑道的差源于一个弯道，相邻两道的起跑点依次向前的距离为"道宽×π"。对于800米跑的起跑线，学生推理、迁移，认为是4个弯道的差，即"道宽×π×4"。但事实上，对于800米及以上的中长跑，奥运会中的规则不是这样计算的，它们的起跑点怎么安排，原因又是什么，这些可作为课后继续探索的材料。

（4）学习效果评价。

回顾解决问题的过程，并用自己的语言进行描述，通过问题引导学生进行反思：在今天的学习中，你是怎样使"确定起跑线"的问题得到解决的？

请你结合今天的学习过程，说说今天的知识和方法还能解决哪些新问题？

（5）课堂观察。

教师教学的理念、行为、策略直接影响着课堂学习的效果。通过课堂观察，教师采取一对一辅导、结对互助、专题培训等方式，以对课堂进行全景式关注和全方位把握。

课堂观察采用线上和线下两种方式同时进行。线上借助"花都区智慧教研管理平台"，引入人工智能观课议课系统，自动化采收与分析AI教育大数据的研究型教室，结合专家智慧和机器智慧，打造教师专业发展智慧型练功房，对本节课的全面互动、小组学习、多元评价、个人学习、全班测验、生本决策、科技互动的次数进行精确统计，协助教研团队更科学、更高效地进行议课与教研活动。（图3-4）

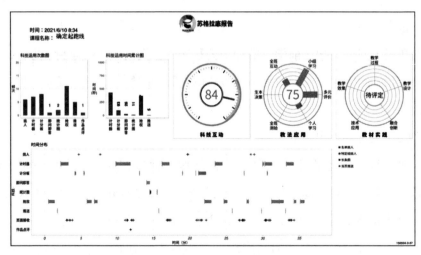

图3-4　花都区智慧教研管理平台出具的数字化观课评价报告

由于课堂教学的丰富性和复杂性，在线上自动化采收与分析数据的同时，教师在线下安排了四个维度的课堂观察。课堂观察借助量表进行量化评价，重点观察学生学习行为、教师给予学习行为的支持能力以及教师课堂管理情况和学生相应的反应。学生学习行为主要从学生课堂参与表达、互动、自主学习、专注度四个方面进行观察评价，教师课堂管理则从课堂环境、学生状态和教学行为三个方面进行评价，最后围绕教学效果来判断课堂实施的实效性。量表的使用为教师观课及自我评价提供了支架和观测点。教师通过对观察量表的各类数据的分析，了解各种教学行为是否有效，并通过典型案例分析找到教学行为改进的着力点。

（三）实践研修的过程评价

为有效提升观察量表功能，评测分为三种方式：一是教师进行自测，看教学设计的课堂实施情况、学生学习状态、教学策略是否有效激发了学生学习的主动性，进而反思改进教学设计；二是学科教研组互测，通过互观互评互鉴，实现智慧分享、取长补短，以改进教学行为；三是区域专项研讨，汇总参与研修活动的所有教师对课堂的观察量表，进行项目指标统计，集中分析成功经验和存在的主要问题，研究改进策略。观察量表的课堂应用，一般采用"多人一点"的观察模式，分别对执教教师的课堂进行观察、评分并根据量表的各项指标写出反馈。（表3-2）

表3-2 花都区小学数学课堂观察量表（总表）

执教教师：	执教课题： 所属片区： 学校及班级：	
观察维度	观察点	观察记录与分析
学习目标	行为主体是学生	
	行为过程与方式能够唤起学习兴趣	
	行为结果指向核心素养	
	行为表现清晰、具体、可检测	
	行为程度契合学生的认知水平	
资源使用	合理使用教材	
	创设真实情境	
	紧扣学习目标，结合教学内容，进行课程资源的挖掘和补充	
	使用信息技术	

续 表

观察维度	观察点		观察记录与分析
学生 学习行为	表达	用自己的语言（口头、文字）有条理地解释、表达	
		能提出有价值的数学问题	
		回答具有自己的思想或创意	
	互动	开动脑筋，主动发言	
		相互合作、交流	
	自主学习	行为表现	
		参与人数	
	专注度	认真听讲人数及其主要行为	
		不听讲人数及其主要行为	
教师 课堂管理	课堂环境	有序和谐	
		良好合作	
	学生状态	对教师教学行为的回应	
	教学行为	鼓励学生表达不同观点、讨论不同问题	
		支持学生的个性化学习	
		为学生布置开放性问题	
总体评价			

课堂观察员：
　　年　　月　　日

（四）实践研修的反思与改进

基于以上观测点对本节课进行切片分析后提出解决方案，进而形成基于真实问题的教师个人、科组和学校三个层级的研究课题，然后以课题引领进行有主题、有序列的研究，形成问题、主题、课堂、课题、成果再到解决问题的完整闭环。以主题引领、课例研究为主要方法，观察、分析和研究课堂教学，促进教师将学习的理论转化为教学行为，培养教师用理论解决实际问题的能力，促进校本研修的有效开展。

参考文献

［1］弗兰登塔尔.作为教育任务的数学［M］.陈昌平，唐瑞芬，译.上海：上海教育出版社，1995.

［2］苏琴.混合式学习环境下学生参与度的研究［D］.武汉：华中师范大学，2015.

第四章
"问题引领"的教学设计[①]

一、"线上线下"融合视域课堂教学探究

2020—2022年新冠肺炎疫情期间，线上教学如火如荼地开展着。花都区的中小学教师在课程录制、教学实施等方面群策群力、砥砺前行，成功完成了停课不停学的"不可能任务"。然而，小学阶段的学生年龄偏小，自我约束力尚在形成阶段，数字化学习无法取代教师和学生面对面交流，教师普遍面临着前所未遇的难题。

（一）将传统学习方式的优势和数字化学习的优势相结合

1. 切切实实的"教师为主导，学生为主体"

为了吸引并激发学生线上学习的兴趣，使学生的学习效果有明显改善，帮助学生最大限度地发展潜能，改善学校现状并响应国家号召，需要找寻能满足当前区域、学校、教师和学生共同需求的路径和激发学生积极参与的学习方式。而"线上线下融合式教学"可以将"传统学习方式的优势和数字化学习的优势相结合，既能发挥教师引导、启发的主导作用，又能充分体现

---

① 本章系广州市教育科学规划课题"小学数学课堂混合式教学范式研究"（202012597）
的研究成果。

学生作为学习过程主体的主动性、积极性与创造性"。我们以小学数学四年级下册《小数的性质》为例，设计了如何运用"线上线下"融合方式在课堂教学中提升学生的参与度，为学生创造一种个性化、有针对性的学习体验，以期实现比面授教学和单纯的在线学习更佳的学习效果和学生综合能力的提升。

2. 面向全体学生确定教学目标

小学数学课程应以学生发展为本，落实立德树人根本任务，培育学生科学精神和创新意识，提升学生数学学科核心素养。小学数学教学目标的行为主体是学生，而且必须面向全体学生，需要对学生的认知起点和认知过程进行深度研究。教师在制定教学目标时要进行分层次的目标预设，除了要落实"知识与技能、问题解决"等显性知识的课程目标外，还要达成"数学思考、情感态度"等隐性的课程目标。课程目标作为战略目标引领每一个课时，需要确定具体的课时目标；同时，课时目标在逐步达成的过程中要形成完整的课程目标统领课时。例如，为达成《小数的性质》的教学目标，学生除了需要经历借助人民币、长度单位、方形纸等学具观察、推理、想象，探索小数性质的过程，还要积累充分的感性认识，归纳概括、理解应用小数的性质及其在实际生活中的应用价值。

（二）实施"人人都能得到发展"的数学课堂

数学课堂要面向全体学生，使得"人人都能获得良好的数学教育，不同的人在数学上得到不同的发展"。

1. 个性化的在线融合教学

"线上线下"融合式教学在面向全体学生的同时，也能兼顾学生的个性化学习，包括课中的及时反馈和课后的巩固练习。教师可在课前引导学生进行前置性学习，也可将一节课设计为前20分钟和后20分钟两部分，借助翻转教学理念，将翻转课堂要求的课前学习移至课堂教学的前20分钟，这一部分的教学主要以播放课前搜集的优秀课堂教学视频及相关资源为主，课堂的后20分钟则基于问题进行现场讨论并对学生所学知识进行检测，当堂反馈。课中，学生逐渐能参与课堂讨论、主动学习并分享自己的想法，能借助信息技术手段采用实时反馈、差异化推送及回推等功能进行学习；课后，教师借助网络平台强大的数据分析功能，对每个学生实施精准评价，利用其组卷功能为每个学生布置个性化的作业。教师获得反馈数据后，可以详细解读分析学生的学习效果，进而提升学习的有效性。

2. 基于调研确定学习共同起点

教师课前可基于数据分析进行学情检测，变"知觉判断"为"真实调研"，明确学生对知识的认知程度从而有的放矢地开展教学。在教学《小数的性质》时，教师提前了解到学生大都知道了小数的性质是什么，但缺乏对于小数性质"本质"的理解。培养学生的数学核心素养需要抓住数学的本质，《小数的性质》这一课就抓住小数性质的本质提出核心问题：小数末尾的"0"会不会影响"数的大小"？整节课便围绕这一核心问题展开研究。

3. 问题导向的线上线下融合教学方式

教师采用"20+20"课堂教学模式开展教学。课堂前20分钟播放本节课的课堂教学视频，播放之前提示学生：①观看视频的同时将自己认为重要的概念和知识点记录在笔记本上；②将知识点分为"理解得比较透彻""能够听懂但不会做相应的练习""听得不太明白"三类，并用自己的语言进行记录。课堂后20分钟，首先搜集学生通过视频自主学习提出的问题和困惑。在教学过程中，学生没能提出任何问题。基于此，教师提出问题：①小数的末尾添上0或去掉0，会出现什么变化？②小数的末尾添上0或去掉0，数的大小为什么不会发生改变？

问题导向的线上线下融合式教学，可以使学生更深入地挖掘知识内涵，使学习变得更加主动。通过小组合作和教师的引领，同学们借助课堂前20分钟学到的知识，结合自己的思考，列举了"基于长度单位，比较量的大小""基于计数单位，比较数的大小""脱离具体实例，推理小数性质"等实例在全班汇报，努力让教师和其他同学感受到自己小组的研究已逐渐接触到小数性质的本质。

二、基于问题，实施引领教学

《小数的性质》是人教版教材四年级下册《小数的意义和性质》单元的内容，也是学生理解和应用小数的重要基础。掌握小数的性质，不仅可以加深对小数意义的理解，而且能为后面小数的大小比较、小数四则运算的学习做好铺垫。

（一）基于学情的教学目标设定

1. 学生的已有经验的学情分析

在生活中，学生对小数已经有了初步的认识，对小数的性质已经有了感受，但对于小数性质的理解仅停留在较浅层面。在教学中，怎样才能基于学生的已有经验让学生对小数的性质有进一步的认识，引导学生理解小数性质的本质，是我们思考和实践的目标。

2. 在实践中达成学习目标

（1）理解小数的性质，知道小数末尾的"0"不影响小数的大小。

（2）感受小数性质在实际生活中的应用价值。

3. 学习重点难点预设

理解并掌握小数末尾添上"0"或去掉"0"，小数大小不变的性质。

（二）"问题引领"的教学实施

1. 从"微信支付"引出小数特点

（1）给定一个整数1，若在其后添"0"，可以得到10、100、1000……通过对比，发现整数的末尾添上"0"，它的大小会发生改变。

（2）创设"微信支付"情境：小明和奶奶一起去文具店买文具，应付款2.5元，结果微信支付了2.50元。

（3）设疑：引导学生思考小数末尾的"0"会不会影响数的大小。

设计说明：小数的性质究竟要教什么、怎样教，是我们研究了很久的问题。我们不能无视学生已经了解的知识，也不能要求他们对知识有很深入的理解。经过几番设计后，我们最终选择，抓住小数性质的本质，开门见山，提出核心问题：小数末尾的"0"会不会影响数的大小？整节课，我们便围绕这一问题展开研究。

2. 在活动实践中发现小数性质

（1）复习小数的意义及分米、厘米、毫米之间的进率。

以长度单位为例，考察0.1米、0.10米、0.100米的大小。

出示三只青蛙的跳远成绩——0.1米、0.10米、0.100米，提问：怎样比较这三个数字的大小？（图4-1）

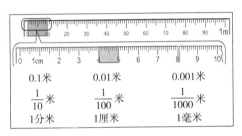

图4-1

（2）通过将小数化成分数和整数，找出小数、分数及整数之间量的关联。（图4-2）

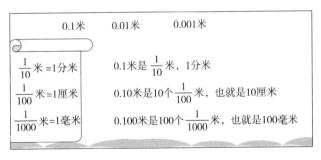

图4-2

（3）通过在直尺上分别找出0.1米、0.10米、0.100米这三个小数所在位置，引导学生理解同一小数的不同表述方式。（图4-3）

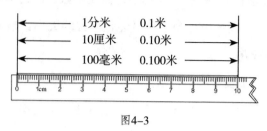

图4-3

（4）引导学生初步发现小数末尾的"0"增加或减少，不影响小数的大小。

3. 在计数单位关系中考察"0.3与0.30"

（1）借助 $\frac{1}{10}$ 与 $\frac{1}{100}$ 的关系，说明0.3=0.30。

0.3是3个 $\frac{1}{10}$ 。

0.30是30个 $\frac{1}{100}$ ，

10个 $\frac{1}{100}$ 是1个 $\frac{1}{10}$ ，

30个 $\frac{1}{100}$ 就是3个 $\frac{1}{10}$ 。

（2）再举例：比较0.9、0.90、0.900的大小。

（3）初步得出结论：小数末尾的"0"可以增加，也可以减少，增加或减少后小数的大小都不变。

设计说明：研究的路径分两部分：一部分，通过情境结合具体的量，引导学生初步发现"小数的末尾增加或减少0，小数的大小不变"这一相对抽象的猜想；其次，引导学生经历从具体到抽象的过程，脱离情境，从小数包含的计数单位的个数，通过推理、演绎，逐步接近小数性质的本质。

4. 从多个实践案例中推出小数性质

借助具体实例，得到小数性质。在课堂教学中，教师组织学生借助微信转账、三只青蛙比赛跳远、方格纸还有计数单位，从不同角度进行了探究。通过探究发现，小数的末尾添上"0"或去掉"0"，小数的大小不变。

在整数的末尾添上"0"，数会变大；而在小数的末尾添上"0"或去掉"0"，这个数的大小不会发生改变。这是小数具有的特征，即小数的性质。

（三）"巩固小数性质"的合作实践学习活动

1. "0"会影响数的大小吗？

不改变数的大小，下面哪些"0"可以去掉，哪些"0"不能去掉？

4.80　0.8　5.00　6.01　0.610　60.10

去掉4.80、5.00、0.610和60.10末尾的"0"后，得到4.8、5、0.61、60.1。（图4-4）

图4-4

对比去掉"0"以后的数和原来的数，发现相同数位上的数字一样，说明这些数的大小没有改变。

2. 什么样的小数是相等的？

把相等的数连起来（图4-5）：

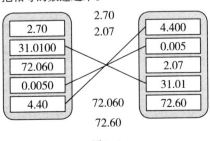

图4-5

思考：为什么2.70和2.07、72.060和72.60不能相连呢？什么样的小数是相等的？

因为相同数位上的数字不同，所以这两组数的大小不相等。只有去掉了小数中的"0"之后，相同数位上的数字仍然相同的小数才是相等的。

设计说明：这两道习题的侧重点有所不同。第1题为了使学生明确这些数中哪些"0"是不能去掉的，要求学生将去掉"0"以后的数和原来的数进行对比，发现相同数位上数字一样，数的大小也一样。第2题请学生连线之后，思考：为什么2.70和2.07、72.060和72.60不能相连呢？什么样的小数是相等的？有了第1题的铺垫，学生很容易发现，同一数位上数字不同的小数，大小不相等。在对比分析中，学生更进一步巩固和理解了小数的性质。

3. 分享交流学习心得

通过小组合作、同伴交流、分享心得，进行学习提炼小结，巩固提升认识：

（1）这节课我们研究了什么？是怎么研究的？

（2）课后巩固性练习。

三、因材施教，实施靶向教学

（一）关注差异化的分类指导

线上线下融合式教学势必会打破之前的教学模式，它摆脱了教师主讲的窠臼，学生的学习环境变得更加开阔，学生的两极分化可能会更加明显。所以，教师需要加强课中及课后分层指导、巩固提升，将学生出现的学习差异转化成有效的教育教学资源。关于《小数的性质》课后的两道习题，其侧重点有所不同，但都需要基于"变与不变"体会小数性质的应用价值。第1题出示4.8、0.8、5.00、6.01、0.610、60.10，学生讨论：这些数中哪些"0"可以去掉？去掉的"0"处于小数的什么位置？去掉小数末尾的"0"后，什么变了？什么没变？第2题请学生连线之后思考：为什么2.70和2.07、72.060和72.60不能相连呢？什么样的小数是相等的？有了第1题的铺垫，学生很容易发现，相同的数字在不同的数位上，小数的大小不相等，只有在小数的"末尾"添上"0"或去掉"0"，小数的大小才不会改变；不过，小数的大小不变，计数单位却发生了改变。在对比分析中，学生更进一步巩固和理解了小数的性质，加深了对所学知识的理解。

（二）创造以"学习者"为中心的融合课堂

1. 重视课后反思与教学重构

面对崭新的教学形式，课后反思尤为重要。仍以《小数的性质》为例，反思研究的路径分两部分：一部分，通过情境结合具体的量，引导学生初步发现"小数的末尾增加或减少0，小数的大小不变"这一相对抽象的猜想；另一部分，引导学生经历从具体到抽象的过程，脱离情境，从小数包含的计数单位的个数，通过推理、演绎，逐步接近小数性质的本质。经过一番比较充分的全员讨论，每个小组派代表轮流向全班进行汇报分享，其他小组进行评价。同时，教师及时进行点评和引导，对出现分歧的观点再进行讨论或研究，对学生的观点要及时进行肯定或否定，不能模棱两可。

2. 重视教学反馈大数据分析与利用

教师在课堂中运用平台提供的TBL（Team-Based Learning）打分机制，对各小组的合作学习进行评价；授课完毕，借助系统自动记录的教学过程切片，对自己的教学行为、学生的参与度及课程资源的使用方面进行观察和数据分析，以此改进课堂教学方式，促进教学质量的提升。通过这样的学习，学生不仅发现了小数独有的特征，而且在依据不同的方式推出小数性质的过程中积累了活动经验，感受到了数学逻辑推理的魅力，也真正理解了小数的性质。这个性质不是教师强行灌输的，不是机械记忆的。在这样的课堂中，教师站到了学生身后，把课堂交给了学生，创造了"以学生为中心"的课堂。

线上线下融合式教学对课堂结构的设置、课堂时间的管理、教与学方式的应用提出了更高的要求，能促进学生的有效参与和综合素养的进一步提升，这也是深化课程改革的现实需要。

四、在建立几何量感中发展空间观念

对于"体积"的概念，学生有自己的原始感知。在故事《孔融让梨》中，孔融把大的梨留给了他的兄弟姐妹，自己选择了一个最小的梨；小孩子在分蛋糕的时候，知道哪块大、哪块小；他们知道自己在教室里占据了一定的位置，而且自己占的位置比一个铅笔盒占的位置要大……从数学的角度来解读，他们有判断物体大小的直觉和经验。所以，在课堂上，教师要利用好学生的认知体验，在体积所具有的特征上下功夫，充分建立表象，力求触及数学的本质，增进学生对体积"意义"的理解。

（一）"体积和体积单位"教学的问题引领

相对于传统教学而言，信息技术和教学相融合的教学手段，既增强了学生对基本活动经验的积累，又丰富了学生对体积表象的建立，发展了学生的空间观念。

1. 凸显度量本质，建立几何量感

学生对物体的大小、多少、粗细、长短、厚薄、轻重、快慢、松紧、软硬等量态具有一定的感性认识，帮助学生准确建立度量单位表象是形、体知识块教学的重点和关键，以下是两位教师同课异构的教学设计片段。

片段一

教师A：

师：我们已经知道了什么是体积，在学习面积时，学习了用面积单位来描述物体面积的大小。同样，体积也有统一的单位，如立方厘米、立方分米和立方米。什么是1立方厘米、1立方分米和1立方米呢？请仔细阅读数学课本，找出它们的定义。

生1：棱长为1厘米的正方体，体积是1立方厘米。棱长为1分米的正方体，体积是1立方分米。棱长为1米的正方体，体积是1立方米。

教师：现在我们一起来认识1立方厘米。请按照任务单上的提示，独立完成（图4-6）。

自学提示

（1）在学具中找出1立方厘米的立方体，拿出来摸一摸、看一看、量一量，说一说感受。

（2）提问：体积是1立方厘米的正方体，棱长是多少？

（3）用橡皮泥捏1立方厘米的正方体，找一找生活中接近1立方厘米的物体，对比1立方厘米的正方体建立1立方厘米的表象。

图4-6

教师B：

（1）找出1立方厘米的模型。

教师运用信息化技术手段，出示一个点，将其延长，成为一条1厘米长的线段；再将线段平移，形成一个面积为1平方厘米的面；接着应用动态技术展示面形成体的过程。请学生说自己的想法。

生1：我发现，正方形变成了正方体。

生2：测量长度用1厘米长的线段，测量面积用边长1厘米的小正方形，那我们可以用边长（应该是棱长）1厘米的小正方体来计量物体的体积，这个物体包含了几个边长（应该是棱长）1厘米的小正方体，体积就是多少。

师：这位同学能够学以致用，非常棒！事实上，无论是1厘米、1平方厘米还是1立方厘米，我们都可以把它们当作一个标准来进行度量。

师：下面，我们来亲自动手感受一下，1平方厘米究竟有多大。

（2）小组交流：生活中体积大约是1立方厘米的物体有哪些？

（3）感受1立方厘米的大小。

师：首先，请学生找出1立方厘米的模型，用手摸一摸，闭眼感受，边比画边说出1立方厘米的大小。接着，请学生利用手中的橡皮泥或面团对照标准量创造出自己心中的1立方厘米。

生1：我用橡皮泥捏了一个1立方厘米的正方体，我和原来的模型进行了对比，是一样大的。

生2：我也用橡皮泥捏了一个1立方厘米的正方体，用尺量它的棱长是1厘米。

......

师：我发现，刚才有个同学做了一个1立方厘米的正方体，但是不小心弄坏了，同学们请看！

师出示变形的1立方厘米的正方体。

师：想一想，这个变了形的物体，体积又是多少？

生思考，回答：应该还是1立方厘米。

师追问：如果我把刚才这位同学不小心弄坏的这团橡皮泥搓一搓，看——变成了一个球！现在球的体积又是多少呢？

生：这个球的体积还是1立方厘米，因为这团橡皮泥的大小没有发生变化，只是形状改变了。

"体积和体积单位"属于图形与几何领域，这类知识的学习需要较强的空间想象力与抽象能力。其实，无论是长度、面积还是体积，都需要建立一个"标准"进行度量。然而，对于学生来说，这种"标准"的建立和度量需要经验的积累，需要一个过程。教师展示由一个点形成一条线段，然后到一个面，接着形成一个立体图形的过程，或是将一个立体图形分解，让学生看到这个立体图形由几个面组成，继续剥离，让学生感受到面、线、点之间的关联。虽然学生对图形的认识和建构并不一定依据点、线、面、体或是体、面、线、点这个过程，但有必要让学生在真实情境中经历度量的发生和发展过程（基于已有量感—唤醒量感—积累量感—提升量感—运用量感），从而认识到计量图形大小的就是用统一的"标准"去度量的过程。

在以上两个课堂教学片段中，一位教师紧紧控制着课堂，效果欠佳。另一位教师让学生通过操作，建立不同体积单位的表象，在建立立方厘米的表象时，准备了数个1立方厘米的小正方体，让学生用橡皮泥捏1立方厘米的正方体，和手中的学具比较，感知1立方厘米的大小，看谁捏的和1立方厘米的正方体最接近；接着，请学生用刚才捏过的接近1立方厘米的橡皮泥，再创造一个其他的物体，思考、比较、发现：这些物体虽然形状不同，但体积都是1立方厘米，反过来，体积为1立方厘米的物体，和形状、材质无关，学生初步感知了体积的"守恒性"。在新知层层递进的过程中，学生有操作更有思考，有交流更有创造，有效地建立和完善了1立方厘米的表象。

此外，在教师B的课堂中，他将信息技术与教学初步融合，在数学活动单和真实问题的驱动下，让学生经历"观察、动手、感受、度量"等多元表征的数学活动。体积大小比较的活动突破了之前只能通过教师运用课件演示、学生被动观察的课堂学习瓶颈，让学生在自己的iPad上任意调整模块的大小、位置、方向，直观感知一个物体所占空间的大小以及一个物体中包含了多少个单位体积。这些数学活动，将抽象的数学概念直观化，不仅促进了学生建立和丰富体积与体积单位的表象、理解体积的概念，更是凸显了度量的本质，对于学生空间观念的培养大有裨益。

2. 借助有效操作，发展空间观念

学习完立方厘米，根据三年级《面积和面积单位》的教学经验，通过类比，由学生自己创造立方分米和立方米，甚至更多的体积单位，而且要求体现出一个物体的体积就是看它包含了多少个体积单位。

片段二

教师A：

师：课前，老师为大家准备了一个体积为1立方米的纸箱，有谁愿意钻进箱子里感受一下？

教师B：

师：刚才我们认识了1立方分米，现在来研究1立方米。你们还能像刚才那样轻松比画出1立方米的大小吗？大家可以在小组内讨论一下！

组1：我们可以根据"棱长为1米的正方体，体积是1立方米"去想象1立方米的大小，再说一说1立方米的大小，最后找一找生活中体积约为1立方米的物体。

师：为什么你们要想象1立方米的大小？

组1：因为我们觉得1立方米的物体太大了，找不到1立方米的学具。

组2：我们小组找了3个同学，在教室的角落靠两面墙，每人伸出一只胳膊搭了一个空间，这个空间的体积大约是1立方米。

师：为什么你们只用了3只胳膊？

组2：我们用3只胳膊分别代表正方体的长、宽和高，最少要3只胳膊、靠墙才能搭建1立方米的空间。如果有12根1米的小棒，也是可以的。

师：同学们的思考都非常有价值！老师事先准备了三条吊有重物的绳子代替三条棱，我来请三位同学帮忙，搭建一个1立方米！其他同学请闭上眼睛，想象一个棱长是1米的正方体，然后睁开眼睛看这个1立方米的空间和你想象的一样大吗？

关于立方米表象的建立，两位教师的设计各有千秋。教师B按照书上的介绍，用了三条吊有重物的绳子代替三条棱，借助一面墙搭建了1立方米的空间，并请学生钻进去感受它的大小；教师A课前亲自搭了一个1立方米的正方体纸箱，让学生先猜一猜它有多大，然后让学生通过摸一摸和比画感受，学生很吃惊：原来1立方米比自己想象的要大得多。在本节课的教学中，教师适时对度量单位进行梳理和比较，帮助学生构建从一维到二维再到三维的完整的基本度量单位体系，从而帮助学生建立清晰、具有实际意义的直观表象。

3. 关注持久理解，促进深度学习

《义务教育数学课程标准（2011年版）》把培养学生的空间观念作为核心任务之一，然而这部分知识是学生学习过程中比较薄弱的。小学数学知识学习是螺旋上升的过程，对于三个体积单位的定义，学生通过类比、迁移，很容易从字面上理解，但是这三个体积单位的实际大小以及在生活中的应用对学生来说很难理解。因此把学习目标聚焦于学生最需要理解的内容对概念教学的意义重大。数学知识要从核心概念、数学本质、数学方法以及学生理

解概念的障碍点这四个角度出发，贯穿学习的全过程。

由于认知过程的复杂性，在实际认知过程中，部分学生会跳过简单认知直接洞察到问题的实质，却不能很好地解释或证明。有些时候，学生会用公式求解，但可能只是套用和迁移，并不代表真正理解。在评价更加多元的现阶段，如果还只是套用公式，不利于知识的真正形成以及核心素养的提升。"概念理解"是学生对所学概念不断加深认识、逐步完善其联系、抽象概括其本质属性的过程。例如，对"体积和体积单位"的学习，按照以往的学习方式，往往从背诵概念开始：物体所占空间的大小叫作物体的体积，常用的体积单位有立方米、立方分米、立方厘米……这样最多也只能达到初步理解的水平。

上述片段中呈现的教学过程，教师通过教学中设计的帮助理解概念的活动和开放的思维空间，逐渐使学生产生表象、形成表象，真切地感受到这三个体积单位的实际大小，通过动手操作、观察评述，开始关注体积和体积单位的本质属性，学生在原有的知识"生长点"上不断生长出知识的"延伸点"。但要达到真正的深度学习和持久理解，必须经历发明创造的过程，这也是现如今数学教学中极为欠缺的。

（二）"深度学习和理解"的活动设计

根据持久理解的内容设计"深度学习和理解"活动，首先要经历单元结构化的过程，做好单元教学设计。单元设计是引导学生进行全局式学习和思考的基础。

首先，要基于学情。《体积和体积单位》为五年级下册《长方体和正方体》单元的内容。横向观察，本单元分为三小节：长方体和正方体的认识、长方体和正方体的表面积、长方体和正方体的体积。纵向对比，学生在低年级已经初步认识了一些简单的立体图形，本单元在此基础上系统教学长方体和正方体的有关知识，使学生对周围的空间和空间中的物体形成初步的空间观念，这也是学习其他立体图形的基础。长方体和正方体体积的计算是形成体积概念、掌握体积的计量单位和计算各种几何形体体积的基础。基于以上分析，确立本单元的单元问题、基本问题、引导性问题和综合性操作任务，做好单元教学设计、课时教学设计和评价形式设计。

其次，要基于课堂。通过课堂上学生的操作、活动、交流、展示，暴露学生的思维过程，引导学生把所学内容和持久理解建立联系，这是实现数学持久理解和发生深度学习的关键。体积单位是由长度单位、面积单位推导出来的，在课堂上，如果教师引导学生打通了长度、面积和体积单位之间的联系，那么在多维参与的过程中，学生对体积单位的感知会更加清晰。教师在引导学生认识这些量的过程中，设计了动手捏1立方厘米、摸1立方分米、钻1立方米等活动，学生通过观察和充分体验，真切感受到这三个体积单位的实际大小，建立了正确的体积观念。特别是在体验1立方米的大小时，两位教师都适时出示了搭建的棱长为1米的正方体，并让学生亲身体验1立方米的空间大约能钻进多少个学生，在激发学生学习兴趣的同时，调动了学生的多感官参与，正确构建立方厘米、立方分米和立方米的几何量感。通过直观想象、推理，学生的空间观念得到进一步发展，持久理解能力得以逐步增强。

数学学科最大的持久理解就是让学生通过理解之桥建立起严密的思维线路，发展学生的思维能力，使学生感受到数学思维的严密性和内在魅力，感受到数学的真善美。一个人从幼儿时期喜欢钻桌子开始，就在无形中建立起了空间感，小学阶段则是空间观念发展的重要时期。我们作为一线的数学教师，要结合学科以及学段的特点，借助信息技术手段，进行有效的观察与操作，帮助学生通过建立正确的表象进行合理想象，提高学生的空间观念。

所以，对于概念课的教学，可以拉长概念的抽象概括过程，借助信息技术，设计丰富有效的数学活动，加强数学基本活动经验的积累，从而促进学生思维能力的提升。

五、"问题引领"低年级数学解决问题教学

（一）"6、7的解决问题"教学与思考

1. 从运算意义出发探究问题

新课改的一个很重要的理念，就是要让学生从运算意义出发，在具体的情境中，找寻数学信息，分析数量关系，探究解决问题的思路。在本课中，教材第一次出现用情境图呈现数学问题的形式，而且情境图配以大括号和问号。教学设计尊重教材但不拘泥于教材，结合上课时，以"金色的秋天"为线索，引领学生在"扑蝴蝶""摆蝴蝶""收向日葵""摘石榴"的情境中，初步明确两个相关的信息和一个相关的问题就可以构成一个简单的数学问题，理解了大括号和问号在情境中的意义，把问题与图里的信息联系起来，逐步学习发现并提出数学问题、解决问题。

2. 开门见山创设问题情境

师：同学们，这节课老师要和咱们一块儿来学习，我感到特别高兴！老师特意为每个组准备了一个礼物盒，咱们来比一比，看看哪个组学得最棒，得到的礼物最多！

师：现在，先请大家欣赏一下秋天里的景色。请看大屏幕！

（课件呈现配乐情景：美丽的秋天）

师：同学们，你们觉得秋天美吗？

师：确实很美！那你们知道吗，在这些美丽的画面中还藏着好多的数学问题呢！今天这节课，咱们就一起去发现问题，并且解决这些问题！

（板书课题）

设计意图：在充分理解教材编写意图的基础上，对教材的例题和课后习题进行了加工整合，用一个完整的情境将整节课的内容相连接。

（二）结合情境实践活动探索

1. 用加法解决问题

（1）寻找信息，提问解答。

师：请看，在这美丽的秋天里，这几个小朋友玩得可开心啦！

（课件出示扑蝴蝶图）

师：同学们好好看看，左、右两边各有几个小朋友？

生回答。

师：通过观察，大家发现左边有4个小朋友，右边有2个小朋友。你们能试着提出一个数学问题吗？请同桌之间互相说一说！

生讨论。

师：谁能把你们提出的问题说给大家听听？

生1：4加2等于6。

师：这是一道算式，不是一个问题，你能试着提出一个问题吗？

生1：合起来有多少个小朋友？

师：不错，都已经学会提出数学问题了！

师：谁还想说说你的问题？

生2：一共有多少个小朋友？

师：你们知道"一共"是什么意思吗？

生：就是合起来。

师：说得好极了！"一共"就是合起来的意思。来，同学们把小手拿出来，跟着老师一块儿边说边比画——想知道"一共有多少个小朋友？"就是把左边的4个小朋友和右边的2个小朋友合起来！同学们，咱们自己做一遍好吗？

生活动，师引导。

师：非常棒！你们知道吗？我们还可以用一个符号来表示合起来。

（板书：——⌄——）

这就是咱们今天要认识的第一位新朋友，它的名字叫"大括号"，（师生共读）它表示把两部分合起来。

师：刚才我们提出的问题"一共有多少个小朋友"，（适时板书：？人）老师在大括号的下面写上一个问号。这就是我们今天要认识的第二位新朋友——问号！问号表示这是一个问题。

设计意图： 在教学中让学生亲身经历将实际问题抽象成数学模型并进行解释与应用的过程，进而使学生获得对数学知识的理解，突出大括号和问号的教学重点。

师：那么，要求出"一共有多少个小朋友"，我们该用什么方法来列式呢？

生：加法。

师：你们同意吗？

师：老师也同意！把两个部分合起来，我们就用加法计算。

师：谁来列一道加法算式？

生1：4+2=6。

生2：2+4=6。

师："这里的"4"和"2"各表示什么？

生回答。

师：刚才我们一起在图中寻找到了有用的信息，提出问题并进行了解答，最后我们还要检验一下解答得是否正确！

学生检验。

设计意图： 和学生一起经历解决问题的整个过程，进一步加深学生对解决问题基本步骤的了解。

（2）动手操作，及时巩固。

师：同学们一起开动脑筋，解决了藏在画面中的第一个数学问题，知道了一共有6个小朋友。你们知道这些小朋友捉的蝴蝶都上哪儿去了吗？

师：看，这些蝴蝶已经飞到咱们身边来了！老师为每个小组都准备了一块这样的小白板。白板的左边和右边各有几只蝴蝶？（师出示白板）

师：请大家先在小组内数一数白板的左边和右边各有几只蝴蝶，组长负责写在白板上。

学生操作、汇报。

生1：我们组在白板的左边贴了4只蝴蝶，右边贴了3只。

生2：我们的左边有5只蝴蝶，右边有2只。

……

师：我们每个小组都在白板的左右两边各贴了几只蝴蝶？那合起来呢？（手势）合起来可以用我们刚才学过的什么符号表示？

生：大括号。

师：大家同意吗？老师为每个组各准备了一个大括号，小组的同学商量一下，商量好了，就贴上去吧！

生操作。

师：大括号贴好了，现在你们能提出一个数学问题吗？好，先在小组内说一说，再在你们的白板合适的地方写上一个"？"表示你们的问题，然后列式解答。

小组汇报：

生1：我们提出的问题是一共有多少只蝴蝶？列式4+3=7，一共有7只蝴蝶。

生2：我们也是用加法计算的，2+5=7。

师：一共有7只蝴蝶。其他几个组呢？请组长把白板举起来让大家看看！嗯！咱们6个组的表现都非常棒！大家一起为自己鼓掌吧！

师：藏在画面中的第二个问题也被大家发现了！下面，我们来轻松一下，跟着音乐的节奏来动一动！

（课间活动）

设计意图：教师在教学中始终能够把握低年级儿童解决问题教学的重点，把主要精力和时间用于解决问题方法的探究。教师精心为每个小组准备了可供操作的磁性白板、蝴蝶和大括号，学生在实践操作的过程中真正理解了大括号、问号的意义，对把两个部分合起来的问题采用什么方法解决更加明晰。

2. 用减法解决问题

（1）迁移对比，学习例题。

师：刚才，我们已经知道了把两个部分合起来应该用加法！现在，请同学们观察这幅图。你们看到了什么？

（完整出示例2图，与例1并列）

请2～3名学生回答。

师：再看看，这还有一个……小男孩在干什么？他摘下了几个向日葵？

（板书：3个）继续往下看，图上有我们认识的朋友吗？

师：我们已知大括号表示"合起来"。那它下面的"7个"是什么意思？

生：一共有7个向日葵。

师：是的，我们已经知道了"一共有7个向日葵"。

（板书：7）

师：现在，大括号的下面不再是问号，那问号在哪儿呢？你们发现了吗？谁来指一指？（生上讲台指）

师：哦，问号上这儿来了！我们知道，问号表示这是一个问题。那这个问题是什么呢？

生：还剩几个向日葵。

师：对！谁再来说说，问题是什么？（生回答）

学生自由讨论"问题是什么"。

师：很好！一共有7个向日葵，摘下了3个，还剩几个？（手势）要解决这个问题，还能用加法吗？那该用什么方法？

师：对，要解决还剩几个向日葵的问题应该用减法！（板书：—）

师：减几呢？

生：减3。

（板书：3）

师：为什么要减3？

生：摘下了3个。

师：一共有7个向日葵，摘下了3个，我们就从总共的7个向日葵里面减去摘下来的3个。

师：还剩几个呢？

生：4个。

（板书：7-3＝4）

师：7-3＝4。还剩4个向日葵。请大家齐读一遍！

师：刚才，我们一起努力，知道了要解决"还剩几个向日葵"要用减法！

设计意图：理解大括号和问号的意义既是本课的重点也是本课的难点，教师在教学时借助手势，形象地帮助学生理解大括号和问号的意义，并以大括号和问号为切入点，引导学生亲身经历观察画面、理解画面内容、选择条件和恰当方法进行计算的全过程。

（2）及时练习，巩固提升。

师：同学们太棒了！不知不觉，我们已经发现并解决了藏在画面中的三个问题！大家还想不想再试一试？

（课件出示石榴树，连续演示。）

师：请大家边看边思考。这是一棵石榴树。同学们，这里又提出了一个什么数学问题呢？

师：说得多好啊！老师奖给你们组一朵红花。他不仅说出了问题是"还剩多少个石榴"，还发现了"一共有6个石榴，摘了3个"。

师：谁再来说说，问题是什么？

师：表达得越来越完整了！

师：知道了一共有6个石榴，摘了3个，还剩多少个就可以解决了。请大家拿出练习纸，完成这一题。

设计意图：教师巧妙地将学生数学语言的训练与解决问题能力的培养结合在一起，通过"教师提出问题—学生尝试提出问题—学生完整叙述条件和问题"，在训练学生数学语言表达能力的同时，进行数学学习方法的渗透。

3. 在活动中感受数学和生活的联系

（1）课堂小结，深化认识。

师：同学们，这节课，我们认识了大括号和问号这两位新朋友，而且一块儿解决了这么多的数学问题，你们高兴吗？

师：最后，一起来看看咱们的礼物盒。同学们，左边有3个盒子，右边也有3个盒子，一共有几个盒子呢？你们是用什么方法计算的？

生：加法。

师：咱们再看看，今天得到礼物最多的是第2组，请把热烈的掌声送给他们，请第2组的组长来领取奖品。

设计意图：在本课中，学生不仅经历了知识形成的过程，而且教师充分运用评价语言极大地丰富了学生的情感体验。本节课是异地上课，教师运用富有激情而亲切的语言，拉近了与学生的心理距离，还运用如"真不错，都已经学会提问了！""真是好样的！""说得好极了！""老师也同意！""大家一起为自己鼓掌吧！"等不同的评价语言来激发学生的学习积极性。

（2）将数学素养蕴含于活动情境之中。

师：同学们，一共有6个盒子，拿走了1个，还剩几个？你们是用什么方法计算的？

生：减法。

师：嗯！我们知道了把两个数合起来用加法计算，知道了从总数里去掉一部分需要用到减法。除了第2组，其他五个组的表现也非常棒！让我们再次把最热烈的掌声送给所有的同学！

设计意图：在课的最后，教师安排了一个"分发礼品"的活动，巧妙地将6、7的加减法应用蕴含于情境之中，学生在快乐中学习数学，在学习中感受到数学和生活的联系。

参考文献

［1］马云鹏.关于数学核心素养的几个问题［J］.课程·教材·教法，2015（9）.

［2］孔企平."学生投入"的概念内涵与结构［J］.外国教育资料，2000（2）：72-76.

［3］何克抗.对美国信息技术与课程整合理论的分析思考和新整合理论的建构［J］.中国电化教育，2008（7）：1-10.

［4］余胜泉.推进技术与教育的双向融合：《教育信息化十年发展规划（2011-2020年）》解读［J］.中国电化教育，2012（5）：5-14.

［5］刘敏.基于"核心素养"的小学数学混合式教学模式的实验研究［D］.大连：辽宁师范大学，2018.

［6］单晓芳.融合传统教学和MOOC的混合式教学模式研究与实践［D］.重庆：重庆师范大学，2017.

［7］赵利敏.论学生参与［J］.中国教育学刊，2002（8）：26-29.

［8］中华人民共和国教育部.义务教育数学课程标准（2011年版）［M］.北京：北京师范大学出版社，2012.

［9］娜仁格日乐，史宁中.度量单位的本质及小学数学教学［J］.数学教育学报，2018（6）：13-16.

［10］余胜泉.推进技术与教育的双向融合：《教育信息化十年发展规划（2011-2020年）》解读［J］.中国电化教育，2012（5）：5-14.

［11］柯向荣.将抽象的数学概念变为看得见的数学事实：《体积和体积单位》教学［J］.小学教学设计，2011（8）：25-26.

［12］林庚禄.因"材"适教，方能因"材"施教：以"体积单位"教学为例谈起［J］.中小学数学（小学版），2020（11）：44-45.

第 五 章
游走于"复杂"与"简单"的数学世界

数学世界既"简单"又"复杂","魔力扑克牌"是五年级下册"综合与实践活动设计"中的一个"小游戏"类型案例。本章以"魔力扑克牌"的教学实践为例,思考与探究数学世界中"复杂"与"简单"的奥秘。

一、"魔力扑克牌"实践活动的教学价值

(一)"猜测—揭秘—创新"的探究活动

1. 探究性学习活动的主线

"魔力扑克牌"案例以"猜测—揭秘—创新"为活动主线,引导学生开展探究性学习活动。

2. "魔力扑克牌"实践活动中的数学核心素养

《义务教育数学课程标准(2022年版)》明确指出:数学素养是现代社会每一个公民应该具备的基本素养。在本案例中,学生经历了发现问题、探索问题、解决问题和应用创新的活动过程,培养了数感、运算能力、推理能力,发展了应用意识和创新意识。

数学课程要培养的学生核心素养包括会用数学的眼光观察现实世界、会

用数学的思维思考现实世界和会用数学的语言表达现实世界三项。在小学阶段，核心素养主要表现为数感、量感、符号意识、运算能力、几何直观、空间观念、推理意识、数据意识、模型意识、应用意识和创新意识。"魔力扑克牌"实践活动重在培养学生的运算能力和应用意识。

3."魔力扑克牌"活动性教学的价值取向

（1）通过引导学生研究算式中的奥秘这一过程，帮助学生积累数学活动经验，发展学生思维。

（2）通过引导学生探究如何将简单的式子变复杂这一过程，发展学生推理思维能力。

（3）通过求底牌之和这一过程，培养学生解决问题的能力。

（4）通过引导学生根据数学规律自主创编游戏，培养学生的应用意识和创新意识。

（5）通过引导学生反思、主动评价，丰富学生数学学习的情感体验。

（二）"魔力扑克牌"实践活动的教学实施

我们依据案例的设计思路，设计了这样四个活动。

活动一：巧算年龄

活动伊始，教师出示游戏规则，请学生选一张代表自己出生月份的牌（其中A到Q分别表示1到12），按照乘2，加3，乘50，加自己的年龄，再减150的计算步骤算出结果（图5-1）。

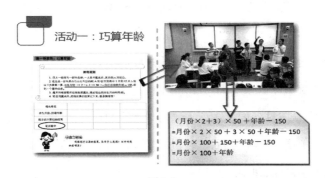

图5-1

教师根据结果迅速猜出学生的年龄和月份，在与学生交流互动中提出问题"教师是怎么猜出来的"，从而激发学生探究的欲望，并引导他们从得数中发现规律并从数学的角度探索算式中隐藏的奥秘。学生通过操作，把复杂的步骤化简为一个简单的式子，月份×100+年龄（图5-2）。接着，教师提出问题"为什么这里是乘100，而不是其他的数呢？"学生通过交流后明确，月份×100的积是一个整百或整千整百数，再加上年龄，最后得数的高位是月份、低位是年龄。同时，有学生提出这里的100换成1000或10000也可以。只要是月份乘整百、整千、整万数，再加上年龄，我们都能快速地猜出年龄和月份。在学生感受了简单式子带来的方便后，教师引导学生改变原式中的一个或几个数，使结果不变。学生通过独立思考后展示其方案。经历了由简单到复杂的推理过程后，学生明确，原式变化的方式是多样的，思维角度的多样性导致解决方案的多样化。

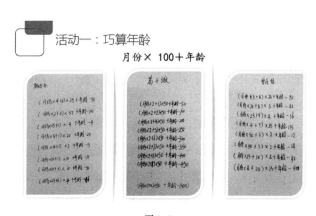

图5-2

在这一活动中，学生通过认真观察、独立思考、小组交流，在复杂和简单式子的互化中灵活运用所学数学知识，培养了问题解决能力和应用意识（图5-3）。

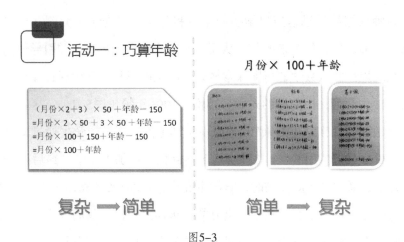

图5-3

活动二：知你所想

经历了第一个活动后，学生已经有了一定的问题解决能力。教师先出示活动二的游戏规则，请学生在A到K中任意默记一张牌，把记住的数依次乘2，加3，乘5，减25，最后说出结果。由于活动二与活动一类似，教师将教材内容进行了整合，同时，放手让学生自主探究其中奥秘，并要求他们把化简后的式子变成和原式不同的复杂式子，学生在写一写的过程进行了知识与方法的迁移，在复杂与简单式子的再次互化中明确了"魔力扑克牌"的"魔力"所在。（图5-4）

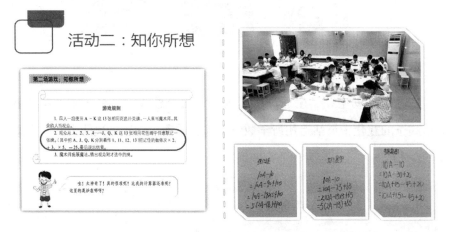

图5-4

活动三：底牌求和

首先，教师介绍游戏规则，然后分给每个小组一副扑克牌，请学生分小组活动，求出底牌之和。（图5-5、图5-6）

图5-5

图5-6

在汇报阶段，该教师所施教的4个班级中，大部分学生都是直接翻看底牌求和。当然，这是最为直接、简单的方法。但其中原因，也有值得我们思考的地方。反观我们平时的教学，是否太过于用固定的思路和方法去教学生？而综合与实践活动课不正为我们打开了一扇窗，让我们从多个角度、用多种思路来解决问题吗？

在教师的追问和引导下，有的小组用10减去摞在上面的扑克牌的张数，这样一一求出底牌点数后相加，而有的小组在没看底牌和上面张数的情况下，自主探究出求底牌之和的方法。

在这样的活动中，通过生生互动，不同层次的学生得到了互补，共同探索出解决问题的方法，学生积累了数学活动经验，也发展了思维，提升了数学素养。

活动四：自编游戏

在熟悉、掌握了上面的玩法后，教师请学生认真思考，根据数学的规律，创编一个游戏（图5-7）。

 活动四：自编游戏

图5-7

在这个活动中，学生体会到数学知识在生活中的作用和价值，获得了学习数学的乐趣和信心。学生亲身感受运用所学知识创编游戏所带来的成功与喜悦，激发了应用意识与创新意识。

通过以上四个活动，学生对复杂与简单式子的互化过程已了然与胸，在轻松、愉快的数学游戏中，提升了数学素养。

二、探究实践活动的教学反馈

为了更清楚地了解学生的学习情况，课后我们对学生进行了调查研究。调查从三个维度进行，即活动情感、活动体验、活动效果。

（一）活动情感：生活中充满数学

通过对活动情感的调查，我们发现有92.7%的学生喜欢这节活动课（图5-8），并希望以后多一些类似的活动课，这说明这类课具有较好的推广价值。

活动情感调查

图5-8

（二）活动体验：自主性的知识生成

从活动体验的调查表中可以看到，有95.3%的学生感受到数学知识就在身边（图5-9），数学源于生活，生活中充满数学。

活动体验调查

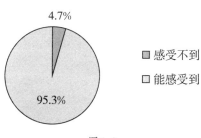

图5-9

（三）活动效果：在理解中掌握与创新

从活动效果的统计结果可以看出，82%的学生对本节课知识掌握较好，86.4%的学生能正确理解及掌握游戏规则，66.1%的学生能精准无误地计算出游戏结果，76.3%的学生在活动中能积动主动地与他人交流，并且有37.5%的学生能灵活运用所学知识自主创编游戏。（图5-10）

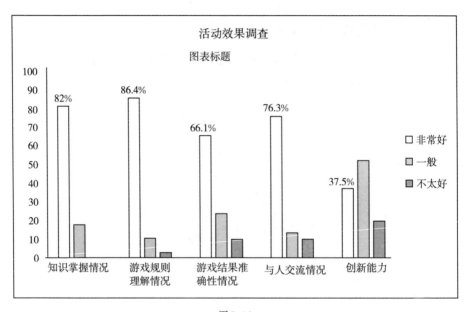

图5-10

通过问卷调查及与学生交流发现，基于探究的"魔力扑克牌"活动能够充分激发学生的学习兴趣，提高学生的获得体验。学生在理解的基础上，能够运用归纳、类比等方法发现数学关系与规律，探索一些开放性的、非常规的实际问题与数学问题，激发创新意识（图5-11、图5-12）。

活动体验调查

图5-11

活动效果调查

图5-12

三、数学综合实践活动的教学反思

（一）数学教学中实践探究活动的"常态化"

刘坚院长在谈到我国小学生数学学习状况时说：中国学生计算能力全世界第一，但问题解决能力却相对太弱。在他的指导下，我区在部分试点学校积极开展小学数学综合与实践活动，引导学生亲历数学活动过程，切实提高学生问题解决能力。但在具体实施的过程中，我们仍遇到了一系列问题。如何让综合与实践活动课常态化发展，是值得我们思考的问题。

（二）学生数学核心素养在实践活动中提升

"核心素养"成为教学改革的支点，也是确保课程改革"万变不离其宗"的"DNA"。随着我们课题研究的不断深入，"核心素养"必将为我们的教育教学带来诸多变化。

1. 数学与逻辑："通用的科学语言"

新的时代将是数学大发展的时代，而数理逻辑在其中将会起到很关键的作用。人们设想能不能创造一种"通用的科学语言"，可以把推理过程像数学一样利用公式来进行计算，从而得出正确的结论。

2. 数学与人文审美："人类文明视域中的数学"

数学是人类的一种文化，它的内容、思想、方法和语言是现代文明的重要组成部分。数学教学不仅要对学生进行知识、方法与能力方面的科学教育，而且要充分挖掘数学的人文教育功能，重视对学生进行思想、文化、意志、素质与审美意识等方面的人文教育。

一方面，数学的主要目的是为自然科学和技术科学服务；另一方面，数学也是一门艺术，主要是思维的创新。创新的显著特点就是开放和发散，数学教学要通过对思维的训练，尤其是对开放性思维和发散性思维的训练来培养学生的创新精神。

3. "跨界的数学"：现代社会需要跨学科的数学素养

现代社会的发展越来越依赖于科学技术的进步，对人的科技素养要求越来越高。我们在现实生活中遇到的问题越来越具有综合性，这就要求人们具有跨学科的综合素养，这样才能在现代社会很好地生存。我们的教育理念是否需要打破常规的学科界限玩"跨界"？比如，技术和工程结合、艺术和数学结合，让学生在"做中学"，建立跨学科的创新思维和应用能力。

我们的数学知识不仅仅停留在课本上、作业中，我们还能让笔飘浮在空中，我们还会用所学的知识破解密码，会用3D打印机制作喷漆的钢铁侠头盔，能自如地控制下楼梯的线控四驱小车……我们的课程变得"综合"，会用到数学知识、电路知识、编程知识等，还要加入点艺术审美，从而在真正意义上实现"综合与实践"。

第 六 章
数学知识构建的分类教学

有关分类的内容，在中小学仅出现了一次，而且是在小学一年级。作为"整理数据的知识基础"，来发展儿童思维能力，故《义务教育数学课程标准（2022年版）》将"分类"放在了"统计与概率"部分，突出了分类与统计的密切关系。

一、"分类与整理"同课异构教学案例

以人教版一年级的"分类与整理"内容为例，"分类与整理"以简单分类为基础，用两个例子描述分类、探究分类。例1从"按形状分气球"的活动开始，给出分类的标准，让学生感受分类的必要性。为解决"每种气球各有几个"的问题，将分类与统计紧密结合在一起，体现出分类是收集、整理与描述数据的基础。例2探究"还可以怎么分"，渗透不同标准下分类结果的多样性。

因此，该课程的教学目标定为：让学生经历分类与整理的过程，并在解决问题的过程中体会到数据中蕴含的信息，培养初步的数据分析观念，并能进行简单的数据分析，积累基本的数学活动经验。

案例一："分类"为"统计"服务的教学

1. 导入课堂的情境预设

情节与道具：

（1）教师出示课前给学生准备的小礼物；接着出示未分类整理的糖果图片，请同学们迅速判断糖果的颗数；然后出示经过分类整理的糖果图片，请同学们再次判断糖果的颗数。

（2）教师先请学生举例，生活中在哪里看到过"分类"的情景，接着出示事先准备的有关分类与整理的图片，引出"分类与整理"的必要性。

2. 探究新知的课堂活动

分类整理：

（1）描述感知分类的标准。

教师出示气球图片，请学生进行分类。

（2）操作体会分类过程，记录分类结果。

先分再数：先按照不同的特征分好类别，每个类别分别汇总出总数。

象形统计图：制作象形统计图，展示不同类别的数量，直观、形象地记录各类别的结果。

师：为什么要排成一列？有什么作用？

生：这样排列很整齐，容易看出哪一排最长、哪一排最短。

（学生表格记录）

师：请看这个同学的记录方式！这个方式有什么作用？（出示：3个 4个 5个）

生：不用一个一个数，马上就可以看出 形状的有3个， 形状的有4个， 形状的有5个。

师：我用一个数据来表示这一列的数量（和图对应）。为了更加清楚，我给它添上几条线。（图6-1）

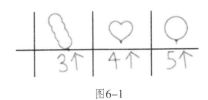

图6-1

师：请同学们先横着观察，看看上面一行和下面一行都有什么；再竖着观察，看看每一列都有什么。

生：上面一行都是形状，下面一行都是个数，每一列表示这个形状的气球有几个，这样记录真清楚。

师：这类统计图可以非常清晰、直观地表示数量及数量之间的关系。

小结：同学们不仅能够按照形状和颜色这两个不同的标准把这些气球分为三类，而且能够自己设计图表把分类的结果表示出来，太棒了！

3. 不同分类标准的选择

尝试用图表记录分类结果。

师：春天是出游的好季节，很多小朋友和家长都来到了公园门口，你能把他们分分类吗？请说清按什么标准分类。

（生答略。）

4. 知识的巩固练习

（1）出示游乐园中两个情境：A情境为门口买票，B情境为戏水乐园。

让学生体会不同情境下分类标准的选择，明白生活中要根据需要选择合适的分类标准。

（2）整理书包。

5. 同伴交流，分享收获

（1）追问思考。

教材中安排了两个例题，主要是让学生理解什么是分类，如何自主分类，如何在分类的基础上收集、整理，会用简单的统计表呈现分类计数的结果，让学生完整地体验到统计的全过程。

这节课上完，留下学生做后测：第一，懂不懂的"标准"是什么意思？第二，会不会根据教师的要求，按照不同的标准分类？第三，会不会自己按照不同的标准来分类？第四，懂不懂统计图、统计表的意思？其中，第二、三两个问题采用的是做题的方式，学生对于"根据教师的要求，按照不同的标准分类"掌握得不错，对于"自己按照不同的标准来分类"的"标准"的描述不太清晰。对于第四个问题，学生只是初步有点感知。

在教学中，教师按照课标要求，在一节课中，将"分类与整理"的环节做到面面俱到，是否就能如愿达到预期的教学目标？一年级下册的"分类"与"统计"孰轻孰重？"分类"的思想和方法如何准确渗透到各个年龄段？对学生不同的分类方法，是否需要优化，引导其突出分类的"实际意义"？

（2）分析阐述。

在小学阶段，人教版教材的统计内容分布在一年级下册第三单元"分类与整理"，二年级下册第一单元"数据收集整理"，三年级下册第三单元"统计"的复式统计图，四年级上册第七单元"条形统计图"，四年级下册第八单元"统计"的平均数和条形统计图，五年级下册第七单元"统计"的折线统计图和六年级上册第七单元"扇形统计"。这些统计单元所涉及的统计类目都按照不重复不遗漏的原则来进行分类。

目前，小学数学从一年级开始就有了"分类与整理"单元。数学课程标准提出了对分类思想的教学建议及要求，但没有对其做出具体阐述，在操作层面上缺少有效指导。分类的思想从抽象思想中发展出来，通过正确分类，可以厘清数学知识之间的关系，使知识条理化、系统化。

基于此，笔者再次执教了一次"分类与整理"内容，将"分类"作为本节课的重点，结合一年级学生的特点，通过有效的操作活动，让学生在分类的基础上用自己创造的不是太标准的统计表整理和呈现数据，体现"分类"单元的教学是为"统计"服务的。

案例二：在数学的"抽象"实践中优化统计的分类与整理

1. 情境导入培养分类与整理的意识

（1）教师首先出示一张一堆杂乱的书本的图片，接着出示学生整理后的图片，然后对比分类整理之前和之后的图片，请学生谈感受。

（2）教师请学生回忆生活中有关分类的现象，初步感知分类的必要性。

2. 探究新知体验分类和整理的过程

（1）用自己的方法得到气球总数。

此处考虑到学生的起点水平，增加了"请同学们先用自己的方法得出气球的总数"这一环节。

方法一：学生一个一个、几个几个地数，得到总数12。

方法二：分类数气球，以表格或图文结合的方式呈现分类结果。

（2）操作体会分类过程，记录分类结果。

根据方法二，教师请学生思考：怎样将这些气球进行分类？该环节与第一次执教时没有大的改变，但是，对于分类的"标准"，除了让学生感知，还通过举例和学生叙述进行了强化。

小结：这几种方法都能清楚地表示出每种气球的个数，尽管方法不同，但计数结果相同。

3. 深度学习形成分类思想

（1）还可以按什么标准进行分类计数？

学生体会到分类标准不同，分类结果可能会多样化。

（2）请学生思考：如果再增加一个气球，会发生怎样的改变？

第一种情况：增加一个已有的气球，表格会发生什么改变？

第二种情况：增加一个蓝色的米老鼠气球，统计图和统计表会发生什么变化？

这是新增的一个环节。学生发现：虽然都是增加一个气球，但是按形状分，多了一列；按颜色分，只需要在蓝色的条形图上增加一个，统计表上的"3"变成"4"；按形状分，条形图需要增加一列，统计表也需要增加一列。

小结：当增加一个已有的物体或图形时，只表示增加了一个，在它所属的列数上加1即可；当增加一个新物体或图形时，就表示增加了一类。所以学生需要根据自己的标准进行分类整理，进一步体会分类的含义。

4. 实践练习加深对分类整理的进一步理解

回归生活，通过实践练习加深对分类与整理的体会。在本课的导入部分，在生活中找到一些实例，让学生初步感受到分类与整理的必要性。课终，请学生回顾知识和生活的联系，再次感受分类与整理在生活中的作用，让学生明白分类与整理是数据分析的基础，知道数据分析让分类整理更有意义。

5. 反思学习优化"整理数据的知识基础"的分类与整理

本节课揭示了分类的含义，让学生体验到了分类的标准不同，结果也不同，但总数相同，还可以提出"还可以怎样分"，让学生自己选择"标准"分类计数。有了第一次按形状这一分类标准读数据的体验后，学生在按颜色的分类标准中自己读懂数据，提高读图获取数据的能力，再次体会数据在解决问题中的作用。

而从"分两组做游戏，他们可以怎样分组呢"这个问题出发，教师让学生自选标准分类，并将分类的结果整理后填写在简单的统计表中，让学生经历完整的解决问题和分类统计的过程。重点是让学生认识并理解简单的统计表，会用简单的统计表呈现分类整理数据的结果；同时，让学生体会不同分类标准下结果的多样性。

由于有了第一次执教的体验，教师本次执教将"还可以怎样分"这一问题放在了第二课时，于是学生便有了更充足的时间参与分类、整理的过程，体会到分类与整理的必要性，感受到"优化"的数学思想。

通过本次教研活动，我们对"分类与整理"进行了深度研讨和剖析。除了上述体会，我们还发现：在数学教学中，并不是为了分类而分类，除了要不断强调多样化的分类标准，教师还要注意突出分类要以"数学"内容为核心，还应对学生所给出的各种方法做出必要的"优化"，最终从分类整理上升到抽象的统计知识。

二、用分数除法解决问题的"链式教学"

数学知识本身的内在联系是紧密的，是一个由浅入深、由简到繁、由易到难递进发展的链式结构整体。"链式教学"的核心就是学生带着问题主动建构知识的过程。将数学知识、数学思想与数学教学内容进行有效链接，有助于学生提升自身的逻辑性思维，使学生全面理解数学知识，提升数学学科核心素养。

"用分数除法解决问题"是在学生掌握了分数乘法计算、解决问题和分数除法计算的基础上进行教学的，是学生在数学学习中表现出困难的起点，也是小学阶段问题解决的重点和难点。首先，它是对分数相关知识综合运用的一个过程；其次，从整数到分数，数系得到了拓展，分数既可以表示具体的量，又可以表示分率，用分数除法解决问题有其自身的抽象性。

在平时的教学中，教师会训练学生按如下步骤进行解题：一找关键句，通常是找含有分率的句子；二定单位"1"，"的"前"比"（是）后的量为单位"1"；三列算式，单位"1"已知用乘法，单位"1"未知用除法，多则加、少则减，然后进行训练。按照这个步骤，学生似乎只需机械地记忆并套用公式即可，但在练习时却频繁出错。这种情况一直困扰着众多教师。学生为什么在练习中会频繁出错？我们该如何借助"链式教学"帮助学生解决这个问题，切实提高学生解决此类问题的能力？

（一）链接相关知识，找到解题关键

1. 认清结构，建立模型

（1）在分数解决问题中有三个数据非常重要：标准量、分率和比较量。梳理六年级的分数解决问题类型，同样可据此分为求标准量、分率和对应量三类。"求分率"大致可分为"求一个数是另一个数的几分之几""求一个数比另一个数多（少）几分之几"，"求对应量"可分为"求一个数的几分之几是多少""求比一个数多（少）几分之几的数是多少"，"求标准量"也可细分为"已知一个数的几分之几是多少，求这个数""已知比一个数多（少）几分之几的数是多少，求这个数"。在教学中，我们可以利用分数乘、除法解决问题进行对比训练，让学生在观察、比较、沟通中感受它们之间的异同和数量之间的联系，从而体会、内化、归纳出用分数除法解决问题的基本结构和解题关键。

例如以下题组：

① 足球有20个，篮球是足球个数的 $\frac{2}{5}$，篮球有多少个？

② 足球有20个，是篮球个数的 $\frac{2}{5}$，篮球有多少个？

③ 足球有20个，比篮球少 $\frac{1}{5}$，篮球有多少个？

④ 足球有20个，比篮球多 $\frac{1}{4}$，篮球有多少个？

（2）解题结果如下：① $20 \times \frac{2}{5}$；② $20 \div \frac{2}{5}$；③ $20 \div \left(1 - \frac{1}{5}\right)$；④ $20 \div \left(1 + \frac{1}{4}\right)$。通过比较，我们发现分数除法的计算无非是转化成"分数乘法"进行计算，而列式时需要找到单位"1"。以前我们总是习惯于总结："单位'1'是已知的，可以用乘法计算，即单位'1'×具体的分率；单位'1'是未知的，可以用除法计算，即具体量÷对应的分率。"以此让学生建立用分数除法解决问题的表象。但通过比较，学生会发现不管单位"1"是已知还是未知的，都可以用乘法数量关系式解决这些问题。求一个数的几分之几是多少和求比一个数多或少几分之几是多少这两种题背后的解题策略是一致的。

（3）在分数除法解决问题的学习过程中，我们将知识进行串联、整合、类比，通过一道题形成一类题，构建对应的问题模型，活化知识的同时能够使知识结构化。部分教师过分强调"机械记忆"和"建立简单模型"，忽视了这种模型建立背后的数学的本质。因此，为了使学生理解分数除法解决问题的核心知识，促进学生思维活动的发展，我们需要理顺思路，找到用分数除法解决问题的关键所在。

2. 分数意义和数量关系的对应与连接

一节课中往往有许多看似零碎的知识点，其实这些知识点都可以通过整理形成链式知识。用"分数的意义"统领整个分数单元，需要将前后知识有机衔接、左右沟通。利用分数除法解决实际问题，需要理解"分数的意义"和"一个数乘分数的意义"，才能将较复杂的分数解决问题转化为"一个数乘几分之几等于另一个数"的问题来解决。

例如：六年级上册第36页分数除法解决问题例5——"小明的体重是35千克，他的体重比爸爸的体重轻$\frac{8}{15}$，小明爸爸的体重是多少千克？"

这是以第35页例题4为基础的稍复杂的问题，要真正理解"小明的体重比爸爸的体重轻$\frac{8}{15}$"，就要先弄清楚小明的体重是爸爸体重的几分之几。小明的体重是一个量，爸爸的体重是另一个量，一个量占另一个量多大份额的问题是分数单元的核心所在。这个问题涉及分数的本质含义：部分量和整体量的关系。问题从部分到整体，即已知部分的大小，问其整体含有几个部分，部分在整体里"占多少"。如果把爸爸的体重平均分成15份，小明的体重相当于其中的（15-8）份，即小明的体重相当于爸爸的$\frac{7}{15}$，也就是将问题转化成了"小明爸爸体重的几分之几等于多少"。

因此，在教学分数除法解决问题的过程中，我们要以"意义"为本，建立与"意义"之间的有效链接，在学生理解的基础上进行知识构建。

（二）利用图形直观，链接数学思考

1. 数学基础知识与数学思想方法

数学基础知识与数学思想方法是课程教材体系的两条主线。所以，除了基础知识链这条明线，数学思想方法链的构建在教学中也需要被重视。在构建知识的过程中，我们要引导学生用数学的眼光去分析各种数学问题，概括常用的数量关系，培养学生分析数量关系的意识和能力。学生在学习分数除法解决问题的过程中，往往难以对应"具体量"和"分率"。线段图可以直观表现出分数问题中的具体数量，使数量关系更加形象直观，这实际上就是把"数"的问题转化为"形"的问题，使问题获得解决。例如，上述例5中呈现了含有丰富信息的问题情境，学生很容易出现以下问题：首先，对单位"1"比较模糊，认为小明的体重比爸爸轻 $\frac{8}{15}$，那爸爸的体重就比小明重 $\frac{8}{15}$；其次，能够找到单位"1"，然而容易把小明的体重平均分成15份。

2. 通过画线段图懂得"原型"中传递的数学

线段图特有的属性，可以帮助学生通过画线段图逐渐看懂"原型"中传递的数学成分。上述例5中已知"小明的体重是35 kg"，"小明的体重比爸爸的体重轻 $\frac{8}{15}$"，要求的是"爸爸"的体重。此处，爸爸的体重相当于单位"1"，把单位"1"平均分成15份，小明占其中的7份，而这7份所对应的量是小明的体重35 kg，用线段图表示爸爸的体重是35 kg和剩余的8份之和，也就是单位"1"——15份，列式 $35 \div \frac{7}{15}$。（图6-2）

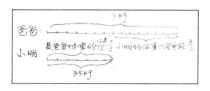

图6-2

合理运用线段图解决问题的过程就是"数学思考"的发展过程。之前学生认为"小明的体重比爸爸的轻 $\frac{8}{15}$，则爸爸的体重比小明的重 $\frac{8}{15}$"。学生经过展示线段图，暴露他们的思维过程，明晰了小明的体重是爸爸体重的 $\left(1-\frac{8}{15}\right)$，即小明的体重=爸爸的体重× $\left(1-\frac{8}{15}\right)$。

（三）巧借方程优势，降低思维难度

1. 以数量关系式沟通已知和未知量的联系

写出数量关系式对解决分数除法问题有重要的辅助作用，可以沟通已知和未知量之间的联系，从整体上对问题进行把握和建构。在用分数除法解决问题的学习过程中，学生经常会遇到一些不太符合基本结构特征、数量关系不是很清晰的稍复杂问题，教师引导学生画线段图来帮助理解题意，结合列方程解决此类问题，让学生在数和形的转化中通过数量关系式找到突破口，可以有效降低除法逆运算的思维难度。

在上述例5中，学生除了发现小明的体重=爸爸的体重× $\left(1-\frac{8}{15}\right)$ 外，还发现了小明的体重÷ $\left(1-\frac{8}{15}\right)$=爸爸的体重。事实上它们的数量关系没有改变。找到了数量关系，就可以根据数量关系列出方程了。因为爸爸的体重未知，爸爸的体重就可以设为x千克，列式是 $x-\frac{8}{15}x=35$，体现在数量关系当中即 $x-x\times\frac{8}{15}$=小明的体重，也就是说要把相应的量替换出来。爸爸的体重是多少千克，就替换成多少千克；爸爸的体重未知，就用x替代。如果正确写出了数量关系式，解题时直接将数据代入数量关系式即可。这样就根据数量关系式列出了方程，只要解出方程就顺利解答出问题了。

2. 依据学生思维特点分类解决问题

通常来说，解决这类问题有两种方法。一种是用分数除法列式解答，这是一种算术思维。在实际教学中，教师习惯于按照"一找关键句、二定单位'1'"，单位"1"已知用乘法、单位"1"未知用除法，"多则加、少则减"的方式让学生进行操练，并告诉学生，对应分量÷对应分率=标准量，即量率对应法则。这种解题模式过分注重迅速从题中提取数据，寻求数据间的对应关系，淡化了学生解题过程中的理解和感悟，不利于学生解决问题能力的培养和思维的发展。另一种是列方程解决问题，这是一种代数思维，也是一种关系思维，是通过把已知的和未知的关系用等量关系式表示出来，然后代入数据，逐步解答的一种方法。2011年版人教版数学教材分数除法的解决问题部分，除了之前的算术解法还引入了方程解决问题。用方程解决问题是一种顺向思维，可以直接通过数量关系式找到突破口，解决问题的方法更符合学生的思维特点。在教学过程中，方程的确能有效地降低除法逆运算的思维难度。

3. 落实完善和发展学生数学认知结构的基本目标

完善和发展学生的数学认知结构，是数学教学的基本任务。链式教学既注重每个环节的知识结构组织，又注重环节之间的知识链、思想方法链的相互贯通，强调整体教学和学生学习的主体地位。对于学生来说，分数知识水平能够预测他们未来的代数知识水平，而对分数的理解又对其他领域的学习产生非常重要的作用。在用分数解决问题的教学中，通过"链接分数意义的理解运用、构建对应的问题模型、厘清数量关系"，学生可以感受"数学化"的过程，有效突破了分数解决问题的重、难点，提升了问题解决的能力。

参考文献

［1］黄荣.教育信息化2.0视域下课堂上的教与学：以"分类与整理"为例［J］.中小学数学（小学版），2021（1）：111-112.

［2］张焕颢.学生：教学设计的起点——以"分类与整理"一课教学为例［J］.小学教学参考（数学版），2014（2）：52.

［3］范新林.实施链式教学促进教学高效［J］.上海教育科研，2011（4）：75-76.

［4］付吉琴.逆向思维：巧解小学数学应用题［J］.新课程导学，2011（13）：60.

［5］陈百峰.厘清数量关系是"解决问题"的关键——以"分数除法解决问题"为例［J］.教学月刊（小学版）数学，2011（6）：8-10.

［6］侯曙霞，马进福.用分数解决问题的教学策略［J］.学周刊，2018（12）：42-43.

第 七 章
在问题与实践中学习有价值的数学

一、为生活服务的数学："认识厘米"

（一）"认识厘米"教学案例及反思

1. 背景与导读

"认识厘米"是义务教育课程标准实验教科书数学（人教版）二年级上册的内容，主要教学内容是认识厘米和用刻度尺测量。教学目标是使学生认识刻度尺，认识长度单位厘米；初步建立1厘米的长度观念，掌握测量物体长度的方法。学生发展目标是注重培养学生动手操作能力和空间想象能力；培养学生提出问题和解决问题的能力；培养学生的估测和测量的能力；让学生充分体验数学与生活实际间的密切联系，同时在矛盾冲突中感悟数学知识并增强相互合作的意识。

新课程标准指出：人人学有价值的数学，人人获得必需的数学，数学要为学生的生活服务。根据这一教学思想，在学生自得知识的基础上，在本课教学中，笔者采用了多种练习的形式进行巩固，同时密切联系生活实际，为学生创设开放的思维空间：可以测量老师提供的学具、实物，可以测量教室里的物品，还可以找听课教师问一问有没有什么需要帮忙测量的，让学生进一步体味到数学学习没有脱离生活，是为生活服务的。学生的兴趣也非常高

81

涨,从而达到了解决实际问题的目的。下面的教学案例希望能给大家带来一些思考和启示。

2. 片段与反思

片段一:

师:在上新课之前我们先做一个用小棒测量铅笔的游戏好不好?游戏分两个组进行,男生一组,女生一组。女生先量,男生闭上眼睛不许偷看。请你们量一量铅笔的长度有几根小棒那么长。仔细观察,悄悄记住。

一名女生在实物投影上测量。

师:测量好了吗?记住了吗?先别说。男同学来,女同学闭上眼睛,男同学仔细观察。

一名男生在实物投影上测量。

师:男生看清楚了吗?有几根小棒那么长?睁开眼睛。女生测的铅笔的长度是几根小棒那么长?

生:2根。

师:男同学呢?

生:3根。

师:同学们测得都比较准。那你们猜谁的铅笔比较长啊?

生:男生的铅笔比较长。

师:有不同意见吗?好!把两支铅笔放在一起。怎么样?一样长。这是怎么回事?

生:小棒的长度不一样。

师:(实物投影演示、验证)真是这样。你们观察得真仔细、真好!既然大家在测量的过程中要用同样的小棒进行测量才能特别准确。看来,测量物体的长度要有统一的单位。今天我们就来认识长度单位"厘米"。(出示题目"认识厘米")

设计意图:在此片段中,教师注意创设情境,使学生在矛盾冲突中建立数学观念,重视学生的数学体验。

片段二：

师：同学们也有刻度尺，而且我们天天用到它。你们仔细观察过刻度尺吗？给你们一些时间，小组说一说刻度尺上都有什么。

生：小组说。（分小组讨论）

生：刻度尺上有一些线、数字、英文字母和流氓兔的图案。

……

师：说得不明确，我们一点一点地来认识。（演示）刻度尺上有线，这些线在刻度尺上叫刻度线。

生：刻度线。

师：有数字，谁来说说有哪些数字？

生：有0到20的数字。有0到15的数字。

师：你们知道这个"0"表示什么吗？

生："0"代表没有了。

师：这个"0"在刻度尺哪儿呢？

生：在最前面。

师：既然在最前面，可以用一个词来表示——"起点"。

生："0"表示起点。

师：我们认识了刻度和数字，这还有两个英文字母，谁认识呢？

生：字母是cm。

师：什么意思呢？

生：表示厘米。

师：长度单位厘米用字母cm表示。（出示cm）数字0到1这个长度是多少？

生：是1厘米。

设计意图：小组合作自主探究，学生在教师的引导下自得知识。

片段三：

师：（实物投影演示）先把刻度尺的"0"刻度对准你要测量物体的左

端，再看物体的右端对着几，那么这个物体的长度就是几厘米长。接下来，老师想请同学们用这个方法去测量一下你周围的物体。

……

师：你们都测量了哪些物体呢？它们的长度是多少呢？

生1：我测量了我的铅笔，它的长度是8厘米。

生2：老师，我测量了我的课本的宽度是15厘米。

生3：我测量了橡皮，它的长度是5厘米。

生4：我测量了老师的钢笔，它的长度是13厘米。（高兴地说）

……

设计意图：一个小小的测量游戏，让学生想去知道并测量他们周围物体的长度，为自己能够准确地测量出物体的长度而感到骄傲，在测量的过程中体会数学的乐趣与价值。

片段四：

师：先把刻度尺的"0"刻度对准纸条的左端，再看纸条的右端对着几，纸条就是几厘米长。（实物投影演示）小明同学有一把尺，可是不小心弄断了，0刻度已经没有了，他怎样测量出一根纸条的长度呢？

（学生通过讨论）

生：可以从刻度1开始量，把读到的厘米数减去1就行了。

师：回答得真不错！还有别的测量方法吗？

生1：可以从刻度2开始量，只要把读的厘米数减去2就行了。

生2：老师，还可以从3开始量，只要把读的厘米数减去3就行了。

生3：还可以从4开始量，只要把读的厘米数减去4就行了。

……

师：大家真是太聪明了！老师也应该向你们学习。但是大家别学小明哟，要爱护学习用品，不要不小心弄断了0刻度，因为从0刻度开始测量物体的长度是最方便的。

反思：

基础教育课程改革正在轰轰烈烈地进行着，小学各科均有了新的课程标准。《义务教育数学课程标准（2022年版）》从"确立核心素养导向的课程目标""设计体现结构化特征的课程内容""实施促进学生发展的教学活动""探索激励学习和改进教学的评价"以及"促进信息技术与数学课程融合"等5个方面提出了新的理念。在教学"认识厘米"一课时，笔者本着"让学生学习有价值的数学"这一指导思想努力让学生通过自主探索、合作交流获得知识，取得了很好的教学效果。

（二）什么是有价值的数学

新课程标准提出：让学生学有价值的数学。笔者一直在思考，到底什么是有价值的数学呢？我觉得，有价值的数学应体现在以下三个方面。

1. 对学生的学习生活起直接作用

厘米这个单位，在生活中到底有多少用处呢？如果不去仔细挖掘是很难发现的。我在教学时让学生去测量自己书本的长度、测量橡皮的长度、测量铅笔的长度、测量听课教师提供的物体的长度，通过这些学习过程中需要解决的问题让学生体会到知识的价值。另外，在课后练习中，我又设置了一些其他问题让学生解决，如小明如何给自己的爸爸设计一个名片盒，这些问题都要用到刚学的厘米的知识。

2. 对学生的思维发展起促进作用

数学除了其本身的应用价值外，还有一种载体性功能，即作为一种培养学生思维的载体。如果通过数学的学习学生的思维得到了发展，这样的数学肯定是有价值的。笔者在这节课中设置的一些问题就对学生思维的发展能起促进作用。例如，笔者设计的用断尺测量长度的问题是这样的：小明有一把尺，可是不小心弄断了，0刻度已经没有了，他怎样测量出一根纸条的长度呢？学生通过讨论得出的方法是：可以从刻度1开始测量，把读到的厘米数减去1就行了；也有的学生说，可以从刻度2开始测量，只要把读的厘米数减去2就行了……学生根据测量物体长度的经验，认为要把直尺的0刻度对准需要测量的线段一端才行，而学生通过这道题目的练习，体会到一根线段的长度只需要看这根线段包含有多少个长度单位，而并非一定要从哪里开始测量，至于以前教师要求从0刻度测量，那是因为这样的测量方法比较方便。在这样一道题目的练习中，学生不但获得了知识，而且发展了思维，笔者觉得这样的数学才是有价值的数学。

3. 学生感到快乐的数学

人本主义学习理论认为：人的学习是实现自我的过程，是人的生命活动的一部分。如果学生学习是快乐的，那他的生命质量就是高的。所以笔者认为，如果学生学习数学时是快乐的，那数学一定是有价值的。因此，笔者在教学过程中努力创设活动，让学生在喜欢的学习方式中学习。笔者还不断通过鼓励让学生获得成功的体验和快乐。

（三）学生自主探索与合作交流的学习过程

《义务教育数学课程标准（2022年版）》指出："认真听讲、独立思考、动手实践、自主探索、合作交流等是学习数学的重要方式。"因此，数学教学必须从学生熟悉的生活情境和已有经验出发，教师要充分发挥创造性，依据学生的年龄特点和认知水平，设计具有探索性和开放性的活动，给学生自主探索的机会，让学生在观察、操作、讨论、交流中发现知识，培养创新意识和实践能力。"认识厘米"一课的重点是让学生建立1厘米的空间观念。怎样让学生通过活动建立这一空间观念呢？笔者在课前基于这两点进行了认真的思考，认为可以从以下几个方面来实现。

1. 在矛盾冲突中建立数学观念，重视学生对数学的体验

为了营造良好的学习氛围，激发学生学习数学的兴趣，同时使学生感受到活生生的数学，生活中处处有数学，人们离不开数学的思想，激励他们诞生探索数学知识的精神，在课的一开始，笔者给学生营造一种神秘感，采用游戏的方式（用小棒测量铅笔的长度）引入，结果为，虽然是两支同样长的铅笔，但由于测量小棒长度所用单位的不同，学生的思维产生错觉，产生矛盾冲突，无法准确判断哪支铅笔长，于是引出要解决这个问题就需要有一个

统一的长度单位进行测量这一结论，这就自然而然地揭示了本节课的学习内容：认识长度单位厘米，使学生充分体验了数学的价值。

2. 小组合作在动手操作中主动探究自得知识

本节课在认识刻度尺、认识长度单位、测量长度、断尺测量这几个环节都是大胆放手让学生互动操作，不断创造机会引导学生动手在指、比、找、量等大量操作和实践中学习，使学生的触觉、视觉和脑协调作用，把外显的进程与内隐的思维活动有机地结合起来，充分发表自己的见解，在已经知道什么，还想知道什么的思维下，自己获得必需的知识，自得其中。例如，本节课在认识刻度尺时，就是让学生观察自己的刻度尺，再观察别人的刻度尺，在此基础上悟出并认识，无论是什么样的刻度尺，它们的共同点都是有刻度线、数字和测量单位；在认识长度时，是在引导学生认识1厘米的长度的基础上，扩展到还想知道什么，从而使学生自己认识并知道2厘米、3厘米、5厘米、10厘米等有多长，而且不仅认识了最基本的确定长度的方法，还提倡其他的方法，扩展学生的思维；在学习测量物体长度的方法时，采用的是放手大胆地让学生尝试测量、探讨测量的方法，及时发现问题，及时展开研究，创设发现问题、解决问题的氛围，从而达到进一步巩固测量的方法，同时，提倡求异思维，发现测量方法的多样性，也通过实例使学生感悟到测量比较短的物体的长度用厘米做单位，测量比较长的物体的长度用比较大的长度单位，从而为后面的教学奠定基础。

纵观以上三个片段，都是想让学生自我发现问题，然后逐步解决问题，同时体会交流合作的优势，感受数学的实用性，展示出开放性的教学思路，注重知识的延伸。本节课鲜明地体现了新课程标准的基本理念"人人学习有价值的数学"，在教学过程中注重培养学生应用数学的能力，关注学生的情感、态度与价值观，学生通过探索、实践、自得知识，形成了真正的意义构建，达到了较好的教学效果。

二、神奇的数学：默比乌斯带

默比乌斯带是人教版义务教育课程标准实验教科书四年级上册中的教学内容。

（一）活动目标

（1）引导学生认识并会制作默比乌斯带。

（2）组织学生动手操作，验证交流，让学生经历猜想与现实的冲突，感受默比乌斯带的神奇变化，激发学生学习数学的兴趣，培养学生的探究精神。

（二）活动准备

教师：长方形纸条若干、胶水、课件。

学生：剪刀、水彩笔、胶水及长方形纸条若干。

（三）活动过程

教师提出问题：关于默比乌斯带，大家有什么想了解的？

学生回答：

（1）什么是默比乌斯带？

（2）默比乌斯带有什么神奇的地方？

（3）默比乌斯带在生活中有哪些应用？

教师根据问题，设置活动。

活动一：认识并制作默比乌斯带

1. 制作普通圆形纸带

（1）观察：一张普通长方形纸片，有几条边，几个面？

（2）思考：如何将这张长方形纸变成两条边，两个面？

（3）操作：学生动手，取长方形纸条，制作圆形纸环。

（4）验证：学生动手摸一摸，感受两条边，两个面。

（5）继续思考：能不能将它的边和面变成一条边，一个面？

有趣的魔术激起学生的兴趣，同时促使学生思考。在实际动手操作的过程中，由"一张普通长方形纸片，它有几条边，几个面"到"你能把它变成两条边，两个面吗"，再到"怎样才能把它的边和面变更少一些"，问题层层深入，难度逐步提升，极大地激发了学生的学习兴趣。

2. 制作默比乌斯带

（1）介绍做法：一头不变，另一头翻转180°，两头粘贴。（图7-1）

图7-1

（2）学生动手：尝试制作"一条边，一个面"的纸圈。（图7-2）

图7-2

（3）交流验证：如何证明这个纸圈只有"一条边，一个面"？

教师指导：

① 用笔在纸圈中间画一条线，笔尖不离开纸面一直画一圈。

② 用手指沿着纸圈的边走一圈。

学生动手感受，加深认识。

（4）出示课题：神奇的默比乌斯带。

介绍资料：1858年，德国数学家默比乌斯发现，一个扭转180°后再两头粘接起来的纸条，具有魔术般的性质。因为普通纸带有两个面（双侧曲面），两个面可以涂成不同的颜色；而这样的纸带只有一个面（单侧曲面），一只小虫可以爬遍整个曲面而不必跨过它的边缘。我们把这种纸带称为默比乌斯带。

活动二：动手操作，研究默比乌斯带

1. 示范性操作实践

教师示范：沿纸带的二分之一剪开。

学生猜测：纸带可能会变成2个同样大小的圈，也有可能变成2个默比乌斯圈……

实际操作：学生发现沿纸带的二分之一剪开后，竟然没有一分为二，变成两个圈，而是变成一个两倍长的圈。

2. 体验性实践活动

学生动手：沿纸带的三分之一剪开。

继续操作：自由剪。

如果不是旋转180°，或者是沿四分之一、五分之一的宽度剪开默比乌斯带，又会有什么新的发现？

学生经历了思考、猜测、动手、验证的全过程，在"动手做"中深切地感受到了默比乌斯带的神奇，激发了强烈的探索欲望，也感受到了自主探索数学知识的快乐。

活动三：认识默比乌斯带在生活中的应用

用皮带传送的动力机械的皮带做成默比乌斯带状，这样皮带可以磨损的面积就变大了。（图7-3）

图7-3

中国科学技术馆大厅中的三叶纽结模型，引起人们对数学分科拓扑学等方面探索的无限兴趣。（图7-4）

图7-4

本课从一张普通的纸条入手，使学生在实际动手制作默比乌斯带的过程中深切地感受到了默比乌斯带的神奇，激发了强烈的好奇心和创造的原动力。课伊始，教师提出问题：什么是默比乌斯带？默比乌斯带有什么神奇之处？默比乌斯带在生活中有哪些应用？于是，教师结合实际，针对这三个具体问题和学生一起提出设计思路，并制定了"认识并制作默比乌斯带""动手操作，研究默比乌斯带"以及"介绍默比乌斯带在生活中的应用"三个活动，通过应用和反思，进一步理解所用知识和方法，了解所学知识之间的联系，获得了充分的数学活动经验。总之，综合实践活动是一种新的教学形式和学习方式，我们将不断研究、不断改进、逐步完善，定位好综合与实践活动目标，真正促进学生的发展，使学生真正在实践中学有价值的数学，人人都能获得必需的数学，不同的人在数学上得到不同的发展。

三、"过桥"中的数学问题

（一）过桥问题的教学设计与实施

教学准备：计算器、秒表、报告单、课件、笔、皮尺、卷尺、包装袋、货车模型、大桥模型。

1. 活动引入：初步认识桥

师：同学们，老师给你们带来了一些精美的图片，请看！

课件出示桥的图片（音乐）。

师：老师知道你们在课前也收集了很多关于桥的资料，那么，对于桥，你们有哪些了解呢？

生1：中国最长的桥是港珠澳大桥，最高的桥是贵州坝陵河大桥。

生2：长江大桥有许多，其中最著名的是武汉长江大桥和南京长江大桥，它们为两岸人们的生活提供了便利。

生3：桥按外观来分主要有梁桥、拱桥、斜拉桥、高架桥、悬索桥等。

生4：我知道中国十大名桥有卢沟桥、赵州桥、风雨桥、广济桥、五亭桥、铁索桥、五音桥、玉带桥、安平桥、十字桥。

师：看来同学们的课外知识非常丰富。那关于桥你们还想了解些什么呢？

生1：我想了解人们是怎样测量桥的长度的。

生2：我想了解关于桥面的面积的知识。

生3：斜拉索有什么用。

生4：我想了解关于桥的载重量。

生5：桥是怎么建成的。

生6：桥的由来。

师：同学们想了解的知识真多，今天我们就先来研究桥的长度、面积、载重量这些有关过桥的问题。（板书：过桥问题）

师：这是荆州长江大桥，同学们都很熟悉。一起来看看上面有哪些知识是你已经知道的!

教师作桥的简介(课件)。

2.课堂深入：思考测量大桥的办法

师：在刚才的介绍中，老师并没有告诉你们桥的长度，那它大概有多长呢？咱们先猜一猜。

生1：一千多米。

生2：大概有两千米。

生3：我猜有五千多米吧。因为我走过那个桥，桥很长。

师：大桥到底有多长？用什么方法能得到它的准确长度？

生1：可以用尺量。

师：你想到了测量的方法。可是大桥很长哦，有没有更好的方法让我们的测量过程变得简单一点？

生：可以选取其中的一段进行测量。

师：嗯，这个办法不错！其中的一段是什么意思？请你上来指一指。

师：你的意思是取相邻两路灯间的距离为一段，是吗？那取这一段可以吗？这一段呢？

生：都可以。

师：为什么？

生：因为这里的每一段距离都相等。

师：由于相邻两路灯间的距离相等，咱们可以任意选取相邻两路灯间的距离为一段进行测量，然后乘这样的段数，就可以算出大桥的全长。

师：可大桥离咱们远着呢，怎么办？别着急！课前老师实地测量了操场上两篮球架之间的距离，它与大桥上相邻两路灯间的距离是相等的。

师：那你准备怎么算出两个篮球架之间的长度呢？

生1：可以直接用尺测量。

师：测量时应该注意什么？

生1：从0刻度开始。

生2：把尺拉直。

师：对，这样都可以减少测量的误差。

师：还有不同的办法吗？

生2：可以让一个人从一个篮球架下走到另一个篮球架下，先测出这个人行走的速度，再测出他步行的时间，也可以算出两个篮球架之间的距离。

师：这个办法也不错。

师：还有吗？

生：可以用手臂长度来测量。

师：能具体地说说吗？

生：张开手臂，从篮球架的一端站到另一端，看站了多少个人。

师：刚才，同学们认真思考，想出了三种方案，你们更喜欢哪种？

生1：我喜欢方案二。

生2：我也喜欢方案二。

生3：我喜欢方案一。

生4：我喜欢方案三。

师：看来，同学们都选择了自己喜欢的方案。测量前，请先看操作要求。各组的组长给你的队员们分工。

师：分好了吗？你们组是怎么分工的？

生：走路，计时，拉尺，记录数据，计算。

师：其他组都分好了吗？下面就可以去操场实地测量啦！咱们出发吧！到操场后，给每个小组分发学具袋。给他们指定场地。

师：你们准备怎么测出步行速度？（问选用方案二测量的学生）

生：反复测量。

师：具体怎么测量呢？

生：测出短时间内走的路程，多测几次，用得出的总路程除以总时间。

师：那测几次呢？

生：准备测3次。

师：那就测3次，开始吧！

学生完成测量后回到教室。

师：报告单填完了吗？

生：填完了。

师：哪个小组来汇报一下你们的想法？

生1：我们小组采用的是方案一。

师：说说你们是怎样测量的。

生：我们直接将尺从篮球架的一端拉到另一端，测得篮球架之间的长度，最后算出大桥的长度。

师：大桥上一共有158个路灯，你为什么乘的是158-1的差呢？

生：因为有157个间隔（段）。

生2：我们把绳子从篮球架的一端拉到另一端，然后把多余的绳子剪掉，再将绳子对折5次，量出对折后绳子的长度，乘绳子的段数，就算出了两个篮球架之间的长度，最后算出大桥的全长大约是多少米。

生3：我们组有6个人，我们的高矮都差不多，我们的臂展是1.4米左右。我是6个人的最末尾，我出现了3次，我后面还有2个人，总共就是20个人的臂展，还加上0.94米就是两个篮球架之间的长度，最后算出大桥的全长大约是多少米。

师：有没有按方案二测的？

生4：我们测出的步行速度约0.8步/秒，从一个篮球架走到另一个篮球架所用的时间是秒，算出两个篮球架之间的长度约24米，大桥的全长大约是4392米。

师：还有一个组，是不是也是按这种方法测的？说一说你们测出的步行速度吧！

生反馈小组结果。

师：跟他们的速度不太一样，那你们测得的桥长有没有变化？

生：和他们所测出的长度差不多。

师：虽然你们步行的速度不同，但最后得出的桥的长度却相差不大。

小结：同学们，同一个问题，你们想出了不同的策略，大家齐心协力，动手实践，测得的结果十分相近，而且与大桥的实际长度非常接近！来，让我们把热烈的掌声送给自己！

3. 生活实践与应用

（1）知道了大桥的长度，这时一辆长8米的货车，正以每秒12米的速度穿过大桥，货车过桥大约需要多少时间？

师：要求货车过桥的时间，必须先知道什么？如果这是大桥，这是货车，谁来演示一下货车过桥的情景。

生先演示。

师：唉，等等。货车上桥了吗？

生：没有。

师：货车的车头与桥面接触了，还没上桥。现在呢？

生：上桥了。

师：好，继续前行吧。

师：货车过桥了吗？

生：没有。

师：现在呢？

生：过了，完全通过。

师：同学们看明白了吗？

生：看明白了。

师：怎样才叫完全过桥？

生：车尾离开了。

师：对，车尾离开了才叫完全过桥。

师：同学们看明白了吗？

生：看明白了。

师：这辆车过桥走的路其实是多长呢？也就是从哪儿到哪儿呢？谁来比

画一下？

生上台。

师：这个长度其实就是哪两部分？

生：这一部分和那一部分。

师：这一部分是？

生：桥长。

师：这一部分呢？

生：车长。

师：货车走的总路程其实就是？

生齐答：桥长+车长。

师：下面我们一起来口述算式。

4398+8=4406（米）

4406÷12≈367（秒）

刚才咱们研究了货车过桥的问题，那火车过桥的问题你们感兴趣吗？

（2）一列火车长500米，它以每秒25米的速度，通过一座大桥用了327秒，这座大桥全长多少米？

师：同学们，会做吗？拿出练习纸，完成这一题。

师：哪位同学来展示一下。

生1：先用火车行驶的速度乘火车过桥的时间就算出了火车过桥的路程：25×327=8175（米）。

师：火车行驶的路程其实就是？

生：桥长+车长。

生：然后用货车行驶的路程减去车长就得到了桥长：8175-500=7675（米）。

师：说得真好！还有不同的想法吗？

生2：先用火车的车长除以火车的速度，就算出火车走完车身所用的时间：500÷25=20（秒）；再用火车过桥的总时间减去火车走完车身的时间，就得到了火车走完桥的时间：327－20＝307（秒）；最后用火车走完桥的时间乘火车的速度就得出了桥的长度：307×25＝7675（米）。

师：你的想法真是别出心裁。大家听明白了吗？

师：咱们刚才得出了大桥的长度是4397.6米，想知道桥面的面积，还要知道什么？

生：桥面的宽度。

师：桥面的宽是25米，请你估一估，桥面的面积大约是多少平方米？

生：4397.6×25。

师：说说你是怎么估算的？

生：把4397.6估成4400，最后算出桥的全长约等于110000平方米。

师：110000平方米到底有多大呢，同学们家的房子大约是100平方米，110000平方米就相当1100个你家房子那么大，这是多么宏伟的工程，要耗费多少人力、物力啊。所以，咱们要保护好荆州长江大桥，尽量延长它的使用寿命。

师：为了保护大桥，桥上会有一些标志牌，下面咱们一起去看看，你认识它们吗？

师：有同学知道这个标志牌是什么意思吗？（50t）

生：t表示吨，50t就是50吨，这个标志表示一次性通过桥的重量不能超过50吨，否则就会有危险。

师：荆州长江大桥的载重量就是50吨。

如果有载重量是10吨的大卡车从这座桥经过，那么这座桥最多能承受几辆这样的车同时过桥？

生：4辆。

师：5辆车行不行？

生：不行。

师：为什么不行？

生：5辆车的载重量就是50吨，再加上卡车本身的重量，已经超过了桥的载重量了。

师：所以，这座桥最多能承受4辆这样的车同时过桥，如果走5辆车的话，那桥就会发生危险甚至坍塌，就像下面这座桥。（出示课件）

师：同学们，看了这张图片，你有什么感想呢？

生1：车与货的载重量要控制在桥的载重量以内。

生2：桥的建造耗费了很多资源，如果我们不爱护大桥，那这些资源就都浪费了。

师：所以我们要爱护大桥，保护好大桥。

（3）结语。

师：今天，咱们运用所学知识解决了桥的长度、面积、载重量、货车过桥等问题，关于桥，还有很多问题值得我们去研究！桥的长度是有限的，但我们探索的空间却是无限的。有兴趣的同学可以课后继续研究。

（二）过桥问题的教学反思

《义务教育数学课程标准（2022年版）》中指出："应用意识"是学生的核心素养之一，是指有意识地利用数学的概念、原理和方法解释现实世界中的现象与规律，解决现实世界中的问题，能够感悟现实生活中蕴含着大量的与数量和图形有关的问题，可以用数学的方法予以解决。过桥问题是典型的生活问题，在教学过程中，教师可以请学生根据所学的知识，提出生活中面临的问题，然后运用长度、面积、载重量等知识，分组合作，找到解决问题的途径，同时为学生后续解决生活中同类问题提供思路，培养学生主动应用数学知识解决实际问题的能力，鼓励学生养成理论联系实际的习惯，发展实践能力。

第 八 章
身边生活中的数学问题

数学综合实践课的教学以数学学科为依据，注重数学学科与其他学科、学生生活、社会生活之间的整体联系。它以问题为中心，以活动为主要形式，以综合性学习内容和综合性的学习方式促进学生的综合性发展，使学生初步形成探索问题和解决问题的能力。它重在在书本知识和实际生活之间架起一道桥梁，让学生通过动脑、动口、动手解决数学问题，从掌握和发现解决问题的办法中，提高实践能力和创新能力。它在促进学生数学思维发展的同时，渗透数学学科的思想品德教育。

一、"节约用水"综合实践活动课

"节约用水"是义务教育课程标准实验教科书六年级下册小学数学教材中的内容，也是一项数学综合实践活动。开展综合实践活动课是一项重大的课程改革。而数学实践活动课，则是综合实践活动课的重要组成部分，是数学教学改革的一个重要标志。

（一）教学目标：从生活实践中来

1. 活动主题：家庭用水

（1）教师通过让学生亲自参与测量，收集整理数据，计算水龙头的滴水速度，向学生渗透函数的思想，使学生经历综合运用所学习的数学知识、技能和思想方法解决实际问题的过程，逐步形成实践能力。

（2）学生能够综合运用所学的数学知识、技能和方法科学地认识日常生活中水资源浪费的问题。

（3）通过小组合作，学生学会与他人合作，在互相交流中互通有无，共同进步，获得成功的体验；培养合作意识和探究意识，体验到数学与生活的紧密联系。

（4）学生了解水资源的情况，积累节约用水的方法，增强节约用水、保护水资源的环保意识。

2. 自主寻找问题

（1）课前分组测量一个水龙头单位时间的滴水量。

（2）调查水价、自己家每个月的用水量及校内水龙头的数量。

（3）收集水资源的有关资料。

3. 学具

计算器，多媒体课件。

（二）活动实践：同伴合作，小组活动

1. 创设情境：水的过去和将来

（1）创设情境。

屏幕显示中央电视台播出的一则公益广告：画面上有一个水龙头艰难地滴着水，滴水的速度越来越慢，最后水枯竭了，随后出现的是一双眼睛，从眼中流出了一滴泪水。

（2）揭示主题。

请学生说说自己对这则广告的理解。

学生有的说水龙头滴不出水表示水枯竭了，眼中流出泪水表示地球上最后一滴水将会是我们自己的眼泪；有的说这则广告教育我们要节约用水。

教师抓住时机，引出课题：今天我们将要探讨的主题是"珍惜生命之源——水"。（屏幕显示课题"节约用水从我做起"，同时教师板书课题）

设计意图：从学生熟识的生活场景引入，开场即抓住学生的注意力，为后面的学习打下良好的基础。

2. 交流分享，探究实践

师：课前我们分组对水资源的现状进行了调查，我们来听听各组的结果。

生1：水是生命之源，没有水就没有生命。人和水是分不开的。成年人体内含水量占体重的65％，人体血液中80％是水。如果人体失去10％的水分便会引起疾病，失去20％～22％的水分就会死亡。这是我从网上查到的。

生2：每年的3月22日是"世界水日"，我国水资源人均占有量只有2090立方米，约为世界人均的1/4，是世界上13个贫水国之一。在我国的600多个城市中，有400多个城市缺水，其中有110个城市严重缺水。这是我从书上自学到的，我从中明白了我国水资源严重缺乏，大家要保护好水资源。

生3：看电视得知，有的山区常年没有水，人的一生只洗三次澡：出生、结婚、死亡。

……

设计意图：此环节通过学生课前收集的大量材料（有视频材料、图片材料、文字说明等），引导学生认识水资源的缺乏带给人们的不良影响，诱发学生产生节约用水的意识。

3. 分析探究：水的数学问题

（1）提出问题。

师：（课件出示：水龙头正在滴水的情形）你能提一个与数学有关的问题吗？

生：这个水龙头一小时会滴多少水？

生：这个水龙头一天会滴多少水？

生：这个水龙头一年要浪费多少水？

……

师：这么多问题我们该如何解答呢？

生：算算就知道了。

师：要计算那得有数据呀。课前你们可有对滴水量进行实验研究？

生：有。（学生汇报）

汇报之后各小组讨论用什么数据表示水龙头漏水的一般水平。最终确定用中位数。

设计意图：从各小组汇报的水龙头漏水情况来看，每个水龙头漏水速度都不一样。教师顺势提出问题：怎样才能表示全班同学调查到的水龙头漏水的一般数据呢？从而引导学生展开讨论，正好复习巩固了统计知识中的基本概念，进一步明确了平均数、中位数在统计中的意义。

（2）以一个小组调查的水龙头漏水情况完成统计表（表8-1）：

表8-1　水龙头漏水情况完成统计表

滴水量（毫升）	40	80	120	160	200
时间（分）	1	2	3	4	5

（3）从表中你发现了什么？

生：滴水量随着时间的增加而增加。

生：滴水量与时间呈正比例关系。

……

师：如果让你用统计图来表示，你会选什么统计图？

生：折线统计图，因为它能反映数量的增减变化。

（课件出示：折线统计图）

师：从图中你又看到了什么？

生：滴水量随着滴水的时间增加而直线上升。

（4）回答课本上的问题，算一算：4小时，8小时，12小时……24小时会

滴多少升水？（可借助计算器）

24小时滴水量：40×60×24=57600（毫升）≈60（升）。

（5）感悟60升水。

师：（出示一个1立方分米的盒子）一个这样的盒子能装水1升，60升水能装这样的60盒。

师：谁能照样子说说？

生：一个一次性水杯能装水150毫升，60升水能装这样的400杯。

生：伊利牛奶一盒250毫升，60升水能装这样的240盒。

……

（6）一年浪费多少水呢？（选择你喜欢的方法解决）

生1：60×365=21900升≈21立方米=21（吨）。

生2：我发现滴水量和所用的时间成正比，我用比例的方法来解。

设一年浪费水为x升：

$$\frac{1}{60} = \frac{x}{365}$$

$x = 21900$

（7）问题：

如果学校里的20个水龙头都按这个速度滴水，每年要浪费多少水？

按现在每吨水的价格，要多支付多少水费？

用浪费的这些钱，你能做哪些有意义的事？

设计意图：此环节通过实验收集、动手计算学校1个水龙头、20个水龙头，一天、一年的滴水浪费水的数据，一个个触目惊心的数据深深震撼了学生，使学生再次树立了节约用水的决心。

4. 实践探究：生活中的水

（1）议一议：同学们，请你们回忆一下在日常生活中还见过哪些浪费水的现象。

生：沐浴和洗头抹肥皂和洗发水时，不关水。

生：刷牙时不关水。

生：浇花时不用水桶装水。

生：洗车时让水随便流。

生：洗米洗菜时用太多水。

……

（2）说一说：节约用水有哪些方法？

政策引导：如制定相应法规、提高水价等。

个人节约：如用淘米水洗菜、刷锅、浇花等；用洗衣水拖地板、冲马桶等；随手关好水龙头；不污染水源；保护供水设备，遇供水设备被毁坏及时报警；等等。

（3）出谋献策，从我做起。

如何向其他人传达这些好方法呢？

① 发宣传单。

② 在广播室宣传。

③ 贴警示性标志。

④ 通过电视媒体做广告。

⑤ 通过网站传播。

⑥ 制作一期节水手抄报或板报。

……

设计意图：此环节通过调查了解生活中浪费水的现象，引导学生进行讨论、出谋献策，人人争当节水先锋。

5. 在水资源的数学探究体验中认识社会和自然的内在联系

（1）本课让学生经历一个数学综合实践的过程，用所学的数学知识、技能和思想方法来解决实际问题，体现了数学无处不在的教育思想；严格遵守教育教学的规则，注意知识的内在联系与拓展，层层递进，从调查到收集数据，从测量到计算，从合作到交流，都有的放矢，探究发展。

（2）信息技术的应用使教学形式更为生动、活泼，一组组真实的数据，一幅幅清晰的图片极富感染力，强烈震撼学生的心灵，也使得教学过程更加紧凑，教学效果更加高效。

（3）涵盖的数学思想丰富、涉及知识面广。本次活动涉及的数学知识是量的计量、统计中的数据收集和折线统计图、比例知识，更重要的是渗透了初中的函数思想方法等，使学生经历综合运用所学的数学知识、技能和思想方法解决问题的过程，逐步形成实践能力，真正体现了知识间、学科间的相互融合，突出了知识的综合性和实践性。

（4）注重知识的融合，更重视学生的合作交流及动手能力，丰富学生的认知。在交流、展览，学生发出了自己的心声：快快行动起来吧！节约每一滴珍贵的水，别让地球的最后一滴水成为我们的眼泪。

综合实践活动促进了学生对自我、社会和自然的内在联系的整体认识和体验，为学生开辟了一条与生活世界交互作用、持续发展的渠道。它强调淡化学科界限，以学生的经验、社会需要和问题为核心，为学生综合应用学科知识提供了良好的途径，可以有效地培养和发展学生分析问题、解决问题和综合实践的能力。所以，在数学综合实践活动中，我们不必拘泥于仅仅用数学知识解决生活的问题，还可以把学习研究的触角延伸到课堂以外，调动学生在各个学科的学习中累积起来的综合素质。

二、"掷骰子"游戏中的数学奥秘

学生对骰子并不陌生，但对骰子中藏着的数学奥秘可能并不知道。为了激发学生探究的愿望，笔者在教学可能性这一课时设计了"掷骰子"这个以游戏形式探讨可能性大小的实践活动。在本活动中，学生通过猜想—实验—验证—概括的过程，巩固"组合"的有关知识，探讨事件发生的可能性大小。针对该节实践活动课，笔者在设计上力求体现新课标精神，让学生参与教学的全过程，深入体验知识的形成过程，学生经历了"猜想—实验—验证—概括"四个阶段,在愉快的活动中获得了知识。笔者通过比赛的形式,提高学生的动手实践能力和学习数学的兴趣。整堂课以学生为主体,注重培养学生的动手能力、合作意识、数学学习方法,创设情境让学生在"玩"中获得数学知识,在学中感受数学的趣味。以下是"掷一掷"的案例及反思。

(一)师生活动,产生问题冲突

1. 由故事引入活动

师:同时掷两颗骰子让我想起小时候听过的一个阿凡提的故事。(出示课件)阿凡提是个聪明的人,经常帮助他身边的穷人。有一次,地主老爷想提高大家的田租。阿凡提受大家的委托去和地主老爷评理,最后他们商议,通过掷骰子比赛来决定,如果地主老爷输了,大家就不用多交田租了。

师:我们来看看他们的比赛规则。(出示课件)

比赛规则:①用两颗骰子掷20次。②把掷出的两个点数相加所得的和分两组:一组是5、6、7、8、9,另一组是2、3、4、10、11、12。③双方各选一组,哪组掷出的次数多,哪方就获胜。

师:你们希望谁获胜呢?

生:阿凡提。

师:确实是阿凡提获胜了。那你们猜猜阿凡提选的是哪一组?

生:第二组获胜的可能性大。因为第二组的数比第一组多。

生:第一组赢的可能性大,第一组是连续的数。

师:阿凡提究竟选的是哪组数呢?不如我们来做一做这个试验吧!同学们选择你认为会赢的那一组数,用两个相同的骰子掷20次,如果掷出的两个点数的和是5、6、7、8、9算一方赢,如果掷出的两个点数的和是2、3、4、10、11、12算另一方赢,赢的总次数多的那组获胜。

2. 在游戏活动中体验

学生根据自己的喜好选择一组数,产生比赛的双方。教师加入少数人的一方,鼓舞其士气。

(黑板上出示一个统计表)

师：第一组有5个数，第二组有6个数，选5、6、7、8、9的这一组的同学请举手，你们派两名代表上来。

师：老师发现选这一组的人较多，忍不住想知道原因，想问一问举手的学生，你为什么要选这一组？

生：我看了数学书，书上的老师选的是这一组数，老师赢了。

师故弄玄虚：不一定哟，你要相信自己，而不是相信别人，你还选这一组？

生：还选。

师：不改了？

生很坚定：不改了。

师：经过老师这么一问，选这一组数的同学明显地少了。

师：选另一组的同学请举手，你们也派两名代表上来。你们选了6个数的这一组，也许会赢吧。（教师给他们打气）

分析：

在对教材的处理上，笔者既尊重教材又不拘泥于教材，大胆地对教材进行合理的重组和调整。比如，教科书在"掷一掷"这个实践活动课的内容上有这样一个编排，那位教师说："我们来掷20次，如果和是5、6、7、8、9算老师赢，否则你们赢。"开始，笔者是这样设计的，经过专家的提醒，笔者又反复斟酌，改变了安排，由教师选数改成了学生根据自己的喜欢选择一组数，产生游戏的双方（5、6、7、8、9和1、2、3、4、10、11、12）。教师加入少数人的一方，鼓舞其士气。如果所有的学生都选第一组或第二组，教师就选另一组数。这样设计既尊重了学生又符合情理，使游戏相对公平。由此，能够较快地调动学生的积极性，学生参与活动的兴致极高。自然，笔者上起课来就顺了，学生学习效果也比较好。

（二）理论验证可能性的大小

1. 教师引出数的组合

师：现在我们说一说，掷出两个点数的和是2时，每颗骰子分别是几和几？有几种可能？生说后教师展示课件。

教师出示并介绍表格（表8-2）。

表8-2　掷骰子组合统计表

骰子1												...
骰子2												...
和	...

师：和是3时，每颗骰子分别是几和几？有几种可能？和是4时，每颗骰子分别是几和几？

教师根据学生的回答边在黑板上填数边出示课件，让学生明白和是4时每颗骰子有可能是1和2，有可能是1和3，有可能是3和1，也可能是2和2，重点强调1和3是两种情况，为学生完成表格做准备。

师：和是5、6…12时，每颗骰子分别是几和几？又各有几种可能？大家好好想一想，然后4名同学合作填一填。一个骰子掷出的最大的数是几？你们一定要看清楚哟，最大的数不能超过6。

全班汇报：

师：从这个表格中大家看出了什么？（重点展开探究）

生：我知道掷出5、6、7、8、9的次数多一些。

生：我知道了10、11、12、这些数虽然很大，但掷出它们的次数很少。

（课件出示表格）师：这是老师填的表格，表中列出了所有的可能，从表中可以直观地看出，掷出的和是5、6、7、8、9的次数相对较多，而掷出的和是2、3、4、10、11、12的次数较少。原来组成和是5、6、7、8、9的组数远远多于组成2、3、4、10、11、12的组，看来，最重要的不是它们的和有几个，而是组成它们的和的组数哪个多一些，出现的概率就高一些。现在你们知道了阿凡提选择的是哪组数了吧！

生：是第一组。

师：他之所以选择5、6、7、8、9的那一组数，就是因为他明白组成这一组数的组数要多一些，赢的可能性要大一些。

师：通过这个实践活动，你们明白了什么？

生：我明白了掷骰子时和是5、6、7、8、9出现的可能性大一些。

生：学数学要动脑筋。

师：数学学习不能只停留在表面，也不能轻易下结论，只有通过多次实践，反复推敲，慎重思考，才能探究出问题背后所隐藏的数学奥秘。

2. 分析：为何发生思维定式的负迁移

在教学理论验证可能性的大小时，第一次教学比较浪费时间（有可能导致最后的时间不够），并且，学生对各种点数和都有几种可能，在概括上容易出错，显得比较费力。具体表现在：当点数和是2、3、4、5、6、7时，对于每颗骰子分别是几和几，有几种可能，学生都能比较有规律地填出来，而且能比较好地进行归纳和概括。当点数和是8、9、10、11、12时，对于每颗骰子分别是几和几，有几种可能，就有许多学生出现一个骰子点数为7（一颗骰子最大点数为6）的错误组合，如点数和为8的组合出现1和7的等，而且接下来的点数和均出现类似的情况。

当然，学生出现上述情况是事出有因的。有教师认为这是学生的思维定式的负迁移作用，当他们在算了点数和是2~7的组合后，思维自然而然顺延地出现了一个骰子的点数为7的情况，因为此时他们在思考的过程中，忽视了骰子的实际情况。究其原因如下：教师在出示该环节时，对题目的要求不够深入、具体，如"掷出两个点数的和是2时，每颗骰子分别是几和几？有几种可能？"应改为"掷出两个点数的和是2时，骰子1是几和骰子2是几？有几种可能？"着重强调骰子1和2分别是几，这样在无形中强化了学生对骰子实际情况（最大点数）的重视程度，使学生加深印象，从而降低后面出错的概率。

（三）活动实施的教学反思

本节课努力创设民主平等的师生课堂教学交流气氛，通过学生的动手实践、自主探索、合作交流等活动方式，在让学生充分经历猜想、实验、验证的过程中，有效地激发了学生自主学习的热情，达到了活动课应达到的教学效果。例如，借助"掷骰子，比输赢"的游戏活动，安排了三个具体的环节，并且在每个环节都向学生提出了明确而有挑战性的问题，而且每个问题之间显示出层层递进的关系，从而使整节课生动活泼又严密有序。

爱因斯坦曾说过："如果把学生的热情激发起来，那么学校所规定的功课，将会被当作一种礼物来接受。"因为三年级的学生以无意注意为主，对主要与次要特点分辨不清，特别喜欢在游戏中学习、在活动中学习，所以根据本节活动课的特点，教师采用了多种教法，给了学生充分活动的时间，而且让每个学生都动手参与，让学生在"和可能是多少，谁会赢，为什么阿凡提会赢"等一连串的问题中，经历猜想、尝试、验证的过程，并最后充分展开观察与讨论，从而进一步探讨问题的实质，这样，学生的思维也就更严密、更具有批判性。

三、"绿色出行"中的数学实践探究

（一）在绿色出行中发现日常生活与数学的联系

1. 学用结合的教学目标

（1）通过解决生活中绿色出行的问题，了解数学与日常生活的广泛联系。

（2）从身边的事物出发，发现日常生活与数学的联系，提高运用数学知识解决实际问题的能力。

（3）在学习过程中，发现数学与日常生活之间的联系，知道数学在生活中的重要性，从而激起学习数学的兴趣。

2. 综合实践的教学重点与方法

教学重点：汽车的行驶路程与二氧化碳排放量的关系。

突破方法：引导学生运用数学知识解决问题。

教学难点：怎样实现绿色出行。

突破方法：通过多次实践得到最好的方案。

教法与学法：情景引导，活动激趣；合作交流，自主探究。

教学准备：多媒体课件。

（二）在特定情境中实践的教学实施

1. 在生活情境中引入

师：同学们，老师今天想在同学们中做一个小调查：今天坐汽车上学的同学请举手，骑自行车来的同学请举手，步行来的同学请举手。是坐汽车的多，还是骑自行车或步行的多呢？

生：坐小汽车的多。

师：现在汽车越来越多，我们的地球受到的危害越来越严重。今天我们要和大家一起来学习——绿色出行。

2. 学生自主合作探究

（1）请学生仔细观察两幅图片，并发表自己的感想。

生：小汽车数量太多，造成交通拥堵。

师：对。小汽车数量多严重影响了正常交通。

生：小汽车跑不快，公共汽车还快一些。

师：小汽车有时也会效率低下。

生：小汽车排放的尾气污染空气，影响健康。

师：小汽车行驶对环境有一定的副作用，小汽车跑不快，燃料燃烧不充分，排污比较多。

生：小汽车很浪费。

师：小汽车太多，不能节约能源。

（2）组织学生阅读第1题，理解题意。

教师：汽车对环境的污染主要是因为排放二氧化碳。老师收集了一份资料和同学们共享。据统计，2011年年末全国民用轿车保有量4962万辆，同比增长23.2%。其中私人轿车4322万辆，同比增长25.5%。北京市公共交通出行比例由2010年的40%上升到2011年的42%，2011年小汽车出行比例为33%，为近年来首次下降。北京市民的"绿色出行"意识不断增强。

通过收集资料，我还了解到：每辆汽车行驶每千米平均排放160克二氧化碳，一辆汽车一年排放二氧化碳多少千克？合多少吨？全国2011年年末之前购买的私人轿车在2012年排放多少吨二氧化碳？

请同学们独立完成：

学生反馈：15000×160=2400000（g）

2400000g=2400kg=2.4t

教师：一边板书，一边陈述数量关系式：

汽车每千米二氧化碳排放量×一年行驶千米数=一年的二氧化碳排放量

15000×160=2400000（g）

单位换算：2400000g=2400kg=2.4t

教师：第三问似乎缺少条件，有谁知道是怎么回事呢？

学生回答：条件在前面的第一段文字中。

教师：第一段文字中有第三问需要的数据，2011年年末的全国私人轿车保有量为4322万辆。

请学生回答第三问，然后全班对第三问进行评议。

学生反馈：43220000×2.4=103728000（t）（板书）

（3）学生仔细阅读第2题，理解题意。

教师：第2题的有些条件需要大家到前面的第二段文字中去寻找。

学生先独立完成，再相互交流。请同学回答，全班集体评议。

小明爸爸从家到单位的距离：20÷60×45=15（千米）

一年上下班行驶路程：15×2×245=7350（千米）

排放的二氧化碳量：7350×0.16=1176（千克）

（4）通过前两题，得出结论。

教师：前面我们已经解决了两个问题，通过这两个问题，大家发现了什么？

学生回答：①妈妈的单位和爸爸的单位一样远，爸爸开车速度慢，耗时长，花钱多。这不属于绿色出行。②妈妈坐地铁比爸爸开车快，安全、环保，属于绿色出行。③小明的交通方式最环保，不造成环境污染，也属于绿色出行。

教师：老师也有感而发，请一名同学把老师的感想诵读给同学们听听。

教师展示阅读材料：随着经济社会的发展，越来越多的人拥有了私家车，走在大街上，也许我们看到的最多的就是堵车的现象，这直接导致了空气质量每况愈下。在这种环境下，我们每个人都应该参与到绿色出行当中来。绿色出行带给我们的是健康的身体，我们不去乘坐私家车，取而代之的是选择骑自行车或者是步行，这样可以锻炼身体，这对于每一个人来说都是一件非常好的事情。而乘坐公交车可以减少私家车的使用，进而减少了汽车尾气的排放，这对于环境保护非常有益。

3. 实践活动的反馈分析

（1）数据的统计与分析。

教师：现在老师想要调查一下我们班里的同学及家长的交通出行方式，计算绿色出行所占的百分比。

学生分小组统计，每6人一组，每个小组的学生有的填表，有的计算，有的检查计算是否准确，并整理填写在调查表格中。

教师：我们从同学们的计算结果中知道，采取相对环保的出行方式，即节约能源、提高能效、减少污染、有益健康、兼顾效率的出行方式，如乘坐公共汽车、地铁等公共交通工具等。

通过碳减排实现资源的可持续利用，促进环境保护，减少环境污染。

学生阅读学习扩展内容，并分小组谈一谈自己的感想。

（2）交流与分享学习心得。

这节课你有什么收获？我们该怎么做？

学生：①自发参与环境保护建设以及治理大气污染的行动，加强环保意识。②咱们每个月少坐几天汽车。一月之中，咱们可以选择公休或节假日的一天，乘坐公共交通工具或骑上脚踏车，到达咱们想去的地方。汽车多停放一天，污染物就少排放一些，咱们所呼吸的空气就能越发清爽。

教师：最后，希望我们一起参与到绿色出行中去。

（三）课堂的板书设计

绿色出行

相对环保、节约能源、提高能效、减少污染、有益健康、兼顾效率等。

一辆汽车碳排量

$15000 \times 160 = 2400000$（g）　　　　$2400000g = 2400kg = 2.4t$

全国汽车碳排量

$43220000 \times 2.4 = 103728000$（t）

小明家碳排量

家到单位的距离：$20 \div 60 \times 45 = 15$（km）

一年上下班行驶路程：$15 \times 2 \times 245 = 7350$（km）

排放的二氧化碳量：$7350 \times 0.16 = 1176$（kg）

第 九 章

奇妙而有趣的数学问题

一、邮票中的数学问题

"整理和复习"是人教版六年级下册的教学内容。针对本课的教学，教师通过创设寄信情境激发学生的兴趣，通过问题引导学生探究、归纳、推理、合作交流，掌握根据信件质量、目的地确定邮资的方法，本着经济、合理、方便、实用的原则，设计不同面值的邮票，从而确定合理的邮票面值组合。

（一）以邮票为主题设计"整理和复习"教学

1. 教学目标

（1）本节课创设寄信情境，通过如何确定邮资，如何根据信函的质量和地域支付邮资等活动，巩固和综合应用"组合"等数学知识。

（2）通过交流与互动、观察与列表和看书自学等学习活动逐步提高分析、推理、归纳与判断等数学能力，进一步感受数学与生活的密切联系。

2. 教学重难点

邮票中的数学问题：不同的邮件，有差异的邮资。

3. 在实践中探究的教学实施

（1）课件导入揭示课题。

师：同学们，写信是我们和朋友交流的一种方式。前几天，我收到了以前的同学寄来的几封信，我从中抽取了两封投影在大屏幕上，在这两封信中，你有什么发现？

生：有邮票、邮政编码、收信人的名字，上面的邮票不止一张……

师：第一封信有面值80分的邮票，第二封有两枚面值120分的邮票，还有一枚面值80分的邮票，一共320分，也就是3.2元。看来邮票中还暗藏玄机呢。这节课，我们来学习邮票中的数学问题。（板书：邮票中的数学问题）

（2）了解邮票。

师：同学们，老师课前请大家收集了有关邮票的资料，现在一起来欣赏一下！

播放：动物邮票、纪念2008年北京奥运会的邮票、民居邮票、世界上第一枚邮票——黑便士邮票、我国第一枚邮票——大龙邮票、各种面值不同的普通邮票……

师：普通邮票的面值和种类都很齐全，可适用于各种邮政业务。上周我回寄了两封信，在回寄的过程中，我遇到了这样的问题：第一封信不到20克，寄给了本地的学生，只需要贴上80分的邮票；第二封信45克重，寄给外地的学生，你该怎样贴上邮票呢？

（3）探究新知。

（二）在活动中发现确定邮费的两大因素

1. 师生互动，生生合作

生：因为这里缺少贴邮票的标准。

师：那么我们现在出示一个邮政部门给的资费标准。从这个表格中，你明白了什么？

生：寄本地和外地需要的费用不一样。

生：它是45克，有两个20克，多一个5克，也要按20克计算。

师：我们来看，45克里面有几个20克？

生：2个。

师：那就是说还剩5克，这5克也要按20克来计算？

生回答。

师：是的，不足20克，按20克计算，这说明这里要算几个20？

生：3个20。

师：那如果寄给本埠就要2.4元，即3×0.8=2.4元。寄给外埠就要3×1.2=3.6元。大家还明白了什么？

生：如果重量超过了100克，邮票的价格增加。

师：能说具体一点吗？比如，100克以内的话，每20克本埠0.8元，外埠1.2元，是全部的费用吗？

生：不是。

师：那么230克怎么算？

生：前面的100克按每20克0.8元计算，5×0.8=4，多余的130克，有一个100按100算，多一个30克也按100克计算，就是1.2×2=2.4。

师：说得非常好。230克要拿出100克按首重标准来算，剩下的130克按照续重的标准来算，首重的和续重的邮寄费用加起来，才是这封信总的邮寄费用。非常清晰，还有没有补充？

生：寄信的时候有两个标准，它们是信件的质量和寄往的目的地。

师：是的，在寄信的时候，我们要知道费用是多少必须知道它的质量，还要知道它的目的地。（板书：邮寄费用、质量、目的地）

2. 实践合作，计算邮费

师：那现在你能帮我解决第二封信的问题了吗？请把你的想法写下来！

生1：这次寄信的质量是45克，45克有2个20克，余5克，寄信标准是不足20克按20克计算。有3个20克要寄往外埠，每20克就要1.2元，1.2×3=3.6元。

师：还有其他想法吗？

生2：我的方法是用分段计费的方法。每重20克就要付一次费，我们把它罗列出来，然后根据本埠和外埠的资费不一样把它写出来。我们知道信件的重量是45克，直接找它在哪个范围内，就是它需要的费用。

师：这两种方法，哪一种方法好？

师：到底哪种方法好呢？我们来比较一下！

生：第二种。

师：第二种方法好在哪里？

生：从表里可直接看出信的重量在哪个范围内，看寄往本埠还是外埠可一眼看出需要贴多少面值的邮票。

师：看来这种方法更简单、更直接，一看就知道付多少邮资。我们把这种好的方法起一个名字！因为他写的是分段的，我们把它叫作分段计费法怎么样？（板书：分段计费）既然这种分段计费法这么好，我如果要寄好多封信，你能用这种方法帮我解决问题吗？

3. 邮资支付与邮票设计

如果邮寄不超过100克的信函，最多只能贴3枚邮票，只用80分和1.2元的邮票能满足需要吗？如果不能，请你再设计一枚邮票，看看多少面值的邮票能满足需要。

小组合作要求：

（1）组内讨论记录。

（2）分工明确。

（3）完成记录单。

（4）确定好发言人。

请小组代表讲解。

师追问：有意见吗？（没有）请一名同学讲讲第二题。最多只能贴3枚邮票，只用80分和1.2元的邮票能满足需要吗？

生：我们设计的是2元的邮票和2.4元的邮票。本埠4元的可以贴3枚2元的邮票，外埠6元的可以贴3枚2元的邮票，4.8元的可以贴2张2.4元的邮票。

师：大家同意吗？还涉及另一个面值的邮票，好不好？谢谢你们小组。

还有其他组涉及不一样的邮票吗？那你说一说吧。

生：我们设计了一张面值3元的邮票。

师：同学们考虑得非常全面，帮老师设计了各种面值的邮票，还设计了第3枚新的邮票，你们太棒了！那现在我如果要把100克改成400克，3枚改成4枚，你们会做吗？

师：贴4枚的哪些不能满足？

生：4.8元以上的不能满足。

师：那设计一枚3元的邮票呢？

生：我用最大的邮资除以邮票的数量：12÷4=3。

师：看来同学们很会设计，知道为什么要设计一枚更大面值的邮票吗？其实邮政部门有一个规定，在设计邮票时，为了方便机器检信，一般信函最多可以贴4枚邮票，所以我们要设计更大面值的邮票。在设计时，我们还要考虑经济合理、方便使用等角度。

（三）结论的发散与拓展

师：生活中用分段计费的方法还有哪些呢？你能举例吗？

生：个人所得税、出租车的计费以及水费都要用分段计费法。

师：看来生活中分段计费的方法还不少呢，老师也设计了两个，一个是居民用水，一个是居民用电，你知道为什么第一栏单价要低一些吗？

生：国家规定的。

生：国家想要节约用电，就是要我们尽量少用一些电。

师：这也正是国家设置分段计费的原因所在，根据每个地区不一样的条件，国家制定了不同的收费标准，要我们节约用水、节约用电，为国家节约资源！

二、跷跷板探究——有趣的平衡

"有趣的平衡"是人教版六年级下学期的综合实践活动内容。六年级的学生已经在生活中体会过平衡，并在科学课中与杠杆原理有过接触。本节课，学生通过对生活中平衡的感知，实验操作的探究，结合已有的比例知识和自己的理论推理，得出"左边的棋子数×刻度数=右边的棋子数×刻度数"的规律，并初步感受杠杆原理。

（一）在活动中感悟影响平衡的因素

1. 活动目标

（1）知识与能力：学生通过生活中的平衡现象初步感受杠杆原理，发现平衡与质量及距离的关系——当"左边的钩码数×刻度数"不变时，"右边的勾码数"与"刻度数"呈反比例关系，加深对反比例关系的理解。

（2）过程与方法：通过实验探究，培养动手操作、合作协调、迁移类推和抽象概括能力。

（3）情感、态度与价值观：通过数学化的过程，养成用数学眼光看待身边的生活现象的习惯。通过小组合作与分享，拓宽思维和视野，感悟差异，丰富学习经验。

2. 初始经验调动

图1天平，图2跷跷板，图3走钢丝。

学生观察三幅图，根据已有的生活经验简单叙述天平如何称量、跷跷板怎么玩、走钢丝的人手中长杆的作用，从中感知平衡。

（从生活中的平衡现象入手，调动学生头脑中已有的生活经验，找到学生的学习生长点。）

3. 活动情境创设

教师出示小明、小红玩跷跷板的图片，小明体重为40千克，小红体重为20千克，学生思考怎样达到平衡。（学生可能说出：①小明往前坐；②小红往后坐；③小红这边再加一个小朋友……几种方法。）

小明往前坐或小红往后坐改变了什么？（改变了他们与中间支点的距离，猜想：平衡可能与距离有关。）

小红这边加一个小朋友改变了什么？（改变了小红这一端的质量，猜想：平衡还可能与质量有关。）

师：那么，到底平衡与质量和距离有什么关系呢？接下来，我将和同学们一起在实验操作中去寻找"平衡的规律"。

多媒体课件有利于配合学生的表达再现生活的场景，不仅引起了学生兴趣，更使学生直观地感受到了平衡的因素——距离和质量，从而激发学生探究平衡规律的兴趣。

喜欢和好奇比什么都重要。教师在课的伊始就创设一个平衡到底蕴含着怎样的数学规律的奇妙问题使学生充满好奇。强烈的求知欲、表现欲一下子让每个孩子都进入了组内实验的角色。

（二）在实践中探索平衡规律

1. 体验与思考

师：老师给同学们准备了一些学具，每组有一根标有刻度的铁棒，25个质量相等的棋子，2个小塑料袋。同学们通过悬挂钩码并通过调整刻度数和增减钩码数来寻找平衡的规律。在实验开始之前，我们先来了解一下实验要求。（出示课件）

（1）带着目的去思考，去操作。谁来说说我们应该带着怎样的目的去思考？（看看平衡到底与质量和距离有怎样的关系）好。一会儿实验的时候我们可以用刻度数表示距离、钩码数表示质量。（在距离和质量的下面分别板书刻度数和钩码数）

（2）组长一定要明确分工，让每个组员都参与进来。

（建议：4个同学，1个负责控制平衡，1个负责左边加砝码，1个负责右边加砝码，1个负责记录实验数据。）

（3）边操作边记录，完成手中的实验记录单。

教师在实验前准确地讲清实验用具及操作方法，使学生知道如何操作，而且利用媒体将实验要求呈现给学生．特别是通过提问的方式使全体学生明确实验目的，使学生的操作更具目的性。

小组合作实验。教师参与到学生的实验中去，了解学生的实验情况，摘记学生的实验数据和实验发现；梳理摘记数据，确定学生汇报人选及汇报顺序。

设计意图：有目的地参与到学生的实验中去，了解学生的实验情况，做到心中有数，统筹安排，为下面学生汇报做好充分的准备，使其汇报更加有序、有层次，提高了课堂的教学效率。

2. 尝试与探究

（1）师：如果塑料袋挂在长杆左右两边刻度相同的地方，怎样放棋子能达到平衡？（刻度相同代表距离相同，本次实验探究的是平衡与质量之间的关系。）

生做实验并记录数据，回答问题。

（2）师：如果左右两个塑料袋放入同样多的棋子，它们移动到什么样的位置才能保证平衡？（同样多的棋子代表质量相同，探究的是平衡与距离的关系。）

生做实验并记录数据，回答问题。

师：观察上面两组数据，你发现什么情况下杠杆可以平衡？（刻度一样，棋子数也一样。）那么，如果棋子数和刻度数左右不同，可能平衡吗？我们一起来看实验（3）。

（3）师：如果左边的塑料袋在刻度6上放一个棋子，右边的塑料袋在刻度3上放几个棋子呢？刻度2上面放几个呢？

师：仔细观察我们记录的数据，左右两边有什么关系啊？想一想，小组内说一说。

生：左边刻度数×棋子数=右边刻度数×棋子数。

3. 规律逆用验证

师：同学们，你们总结出的这条平衡的规律，是否科学、准确呢？这需要我们做进一步的验证。

师：（出示课件）左边的刻度数是4，勾码数是3，猜想一下，右边可以怎样挂？（生猜想4组整数）

师：选择两组数据验证下吧！

学生验证。

验证是一种很重要的科学研究思想。教师在课上没有急于在学生汇报后直接总结平衡规律，而是安排了验证这一环节，就是为了让学生逐渐养成科学地对待事物的态度。学生想到小数，从而扩大刻度数的取值范围，扩大了研究领域。教师夸赞学生的突破，这会在孩子们的头脑中留下一个深刻的烙印，他们再研究时，就会考虑得更为全面、周到。

左边的刻度数×棋子数=右边的刻度数×棋子数。

师：我们具体分析一下，我们把铁棒一端的棋子拿掉一些，使棋子数变少，要想保证铁棒平衡就要把棋子向（外）移，使刻度数变大；反之棋子数变多，刻度数变小。这会让我们联想到以前学习过的哪部分知识？

生：反比例的知识。

师：其实啊，我们今天研究的平衡问题已经在科学上得到验证了，就是伟大的数学家、物理学家阿基米德提出的杠杆定理，他还曾经说过一句名言：给我一个支点，我能撬动整个地球。你们信不信？

学生表达自己的观点……

师：同学们说得都很有道理，无论相信还是不相信都能说出理由，这才是我们正确对待科学的态度。其实阿基米德的这句话，只是提示人们杠杆可以起到什么样的作用，至于撬动地球，也不过是用来形象说明杠杆作用的比喻而已。

设疑、质疑，不断激发学生的求知欲，使学生的思维始终处于积极探求的状态之中。知识上有提升，能力上有发展，思维上有训练。

（三）实践活动的总结与反思

1. 活动情境的回放

小明40千克，距离支点1米，小红20千克，距离支点1米，如何调整使跷跷板达到平衡？

学生解决问题。

重新回到课初所创设的情境，更准确地解决这个生活中的问题，既是本堂课所发现平衡规律的应用，也加深了学生对平衡规律的理解。

2. 活动体验的感悟

（1）生活中有趣的平衡现象，生活中平衡的应用。

（2）反思与感悟。本堂课课初在选择实验器材时曾考虑使用初中杠杆原理实验的杠杆和钩码，但在思考讨论后决定选用普通长杆和棋子。本课中，学生通过生活中的平衡现象初步感知杠杆原理。在经历发现—提取—分析—猜想—实验—验证—应用的过程后，学生的合作协调、动手操作、类推迁移、归纳总结能力都有效地得到了锻炼。但本课也存在一些不足：在实验过程中学生的操作不够规范，对于反比例知识的拓展也不够，实验设计缺乏创新。

三、生活中如何用三角板来辨析角

在"锐角和钝角"一课中，学生已经学会了如何辨认直角，并知道了判断直角是在比较大小的方法的基础上进行的。所用方法都是利用三角板中的直角来比较的，但比较的重点不同，前者是判断角是否为直角，后者是看一个角比直角大还是小。那么，我们在生活中如何用三角板来辨析角呢？

（一）用数学化语言描述生活中的角

1. "角的初步认识"的学以致用

学情分析：在二年级上册"角的初步认识"一课中，学生已经学会了如何辨认角和直角，并已建立了正确的表象。"锐角和钝角"是"角的初步认识"的延伸，完善学生对角的认识，让学生认识锐角和钝角，能够判断一个角是直角、锐角还是钝角，并能用更准确、更具体的数学化语言描述生活中的角，是对图形认识的又一次提升。

2. 在观察与实践中理解和掌握

学生在观察与实践中建立锐角和钝角的概念，会辨认锐角和钝角。

（1）经历锐角和钝角的认识过程，能辨认锐角和钝角，用语言准确地描述锐角和钝角的特征。

（2）经历观察、操作、分类、比较等数学活动，培养动手能力、合作意识和创造性思维。

（3）通过实践活动，获得成功的体验，建立自信心；通过生活情境的创设，感受生活中处处有数学，培养学习数学的兴趣。

（二）分辨生活中的锐角和钝角

学生会用三角板的直角判断钝角、直角、锐角，能分辨锐角和钝角的文字表述。

1. 角的大小和边的长短

以复习导入：

师：（在黑板上画上角）上学期我们一起学习了角，大家还记得角是由什么组成的吗？

生：一个顶点，两条边。

师：很好。这个角太小了，我让他变大点，比原来大了吧？

生：不对，角的大小和边的长短没有关系。

师：非常好，千万不要犯老师这种错误，角的大小和边的长短没有关系，那和什么有关系？

生：和两条边叉开的大小有关系。

师：看来同学们的知识都掌握得很牢固。今天这节课我们要继续学习有关角的知识。我们一起去游乐园里面逛逛。

2. 在探究中认识锐角和钝角

找主题图上的角——

师：请你们仔细观察，哪些物体的面上有角。谁想上来给大家指一指？

预设一：学生没能正确指角。

师：这位同学很厉害，非常勇敢地给大家指角，可是老师想给你纠正一下，在指角的时候，应该从角的顶点出发，沿不同方向指出角的两边，如果你能做到这点，就更好了，明白了吗？

预设二：学生正确指角。

师：老师想特别表扬这位同学，他是一个非常用心的学生，大家看到了吗？他在指角的时候，从角的顶点出发，沿不同方向指出了角的两边。你很了不起。

师：同学们在摩天轮、跷跷板、风车、秋千架上都发现了角，大家看摩天轮上，从这个点出发，这样是不是一个角？轮椅上，这是不是一个角？

设计意图：创设生活情境进入新知的学习，使学生体会数学和生活的紧密联系。

（三）给情境中的角分类

1. 从物象的角到抽象的角

师：你看，我们找到了这么多的角？（情境图消失，显示角）为了大家指认方便，我们给它们编上序号。

师：这些角中，有我们认识的角吗？它们是什么角？你怎么知道的？

（用三角板的直角来帮助判断，注意顶点重合，一条边重合，再看另一条边，正好重合就是直角。边说边演示。）

师：屏幕上还有这么多的角，它们又是什么角呢？为了便于我们研究，老师把它们从屏幕上请了下来，就装在你们桌子上的信封里，等会儿小组合作，一起给这些角分分类，看看怎样分比较好。

2. 在实践中感知和掌握角的分类

预设一：有两种分法。

A：分两类，一类是直角，一类不是直角。

（教师评价：这一组是根据是不是直角来分的，挺有道理的。）

B：按照角的大小分成三类：直角、比直角小的角、比直角大的角。

（师：你们觉得哪一类分法更好，为什么？）

预设二：只有一种分法。

师：你们小组是怎么分的？

生：我们把大的角分在一起，比较小的角又分在一起，直角放在一起，这样就分成了三堆。

师：其他小组呢？谁来说说？有不同意见吗？

师：看来大家都赞同这种分法（多媒体展示），左边的比较小，右边的比较大。

师：那么角的大小是在和谁比较？

生：和直角比的。左边的角都比直角小，右边的都比直角大。

设计意图：这个教学环节主要采用分类的方式，让学生感知这些角的大小不一样，然后通过"这些角的大小是在和谁比较"的提问，帮助学生理解"有的角比直角大、有的角比直角小"，从而揭示钝角、锐角和直角的本质属性。

（四）三角板的奥秘与功能

1. 怎样验证角的分类正确与否

师：你们的判断正确吗？我们还得验证一下。

（随便指一个比直角小的角）你怎么知道它比直角小？怎样验证？

师：用三角板的直角来比较，顶点和顶点重合，直角的一条边与它的一条边重合，另一条边在三角板的里面，所以它比直角小。

师：这三个角都比直角小吗？你们都验证一下。

师：那比直角大的角怎样验证呢？对准角的一边，另一边在直角的外边，所以这个角比直角大。

师：通过刚才的检验，我们发现左边的角确实比直角小（板书：比直角小），右边的角比直角大（板书：比直角大）。

设计意图：放手让学生通过动手操作初步感受锐角、钝角的特征，并引导学生再次操作验证结果，培养学生严谨的学习品质。

2. 直角、锐角和钝角的知识构建

师：看来大家的判断是正确的。在数学上，我们把这些比直角小的角叫作锐角，把比直角大的角叫作钝角。

师：请看，这个"锐"字和说话的"说"字像吗？就是把说话的"说"字的言字旁换成了金字旁。

钝角的"钝"字和哪个字比较像？

生：和"纯"字比较像。把"纯"字的绞丝旁换成了金字旁。

师：说得很对。这就是我们今天学习的内容。请大家把右手举起来，和我一起写。（板书：锐角、钝角）

3. 直角、锐角和钝角的关系

师：为了更深刻地认识锐角和钝角，我们一起来做个变角的游戏。请大家拿出你们的活动角，和老师一起做。

师：用活动角先表示直角，慢慢变小，现在变成了什么角？再变小，再变小……还能变小吗？

师：刚才我们变的都是什么角？有多少个？它们的大小一样吗？为什么都是锐角？

生：因为它们都比直角小，所以都是锐角。

师：把手中的锐角变换方向拿，还是锐角吗？

师小结：无论角的方向、大小是否相同，只要符合一个条件——比直角小的角就是锐角。锐角有无数个。

师：请大家将活动角还原成直角，用我们刚才研究锐角的方法来研究一下钝角，你们有什么发现？

得出结论：直角的两条边往外拉，就变成了钝角。钝角也有无数个。

师：如果我们要给直角、锐角、钝角排排队，你认为可以怎样排？

（板书：锐角<直角<钝角）

（课件出示）脑筋快快转——教师快速报题目，学生抢答。

锐角比直角（　　　）。直角比钝角（　　　）。直角比锐角（　　　）。钝角比锐角（　　　）。

4. 角的知识拓展

（1）判断。

师：老师这儿有许多角，它们是什么角呢？

学生集体判断。

师：最后这两个，同学们回答得不统一，到底是什么角呢？

生1：直角。

生2：不对，是锐角。

师：究竟是什么角呢？我们可以通过什么验证？

生：用三角板上的直角比一比。

师：看来有的角一眼就能看出它是锐角还是钝角，有的角只用眼睛看还不能清楚地分辨。这时就要借助工具帮助我们辨别。

（2）找生活中的角。

师：大家都认识了锐角和钝角。那么，在我们的日常生活中，你还看到过哪些物体上有角？

师：红领巾上有角。你能上来给大家指一指吗？

师：五角星上有角吗？谁来指一指？除了有锐角，还有什么角？

师：同学们都是生活中的有心人，发现了这么多的角。老师也收集了一些我们身边有角的物体，我们一起来欣赏欣赏。

（3）画角。

师：同学们，美吗？这些角把我们的生活装扮得如此美丽。让我们一起闭上眼睛，想一想锐角、直角、钝角的样子，好吗？

师：你能把刚才头脑中的三种角都画出来吗？

师：现在老师给你们一分钟的时间，画锐角和钝角，并写上它们的名字。画得快的小朋友可以多画几个。比一比，看谁画得又多又好。

学生动手画角，并介绍锐角和钝角的画法。

（4）拼角。

师：除了活动角可以玩变角的游戏，我们的三角板也可以哦。你们想知道怎么玩吗？

师：请大家看老师手上的三角板。上面有三个角，它们分别是什么角？

师：老师用一个直角和一个锐角组成了一个新的角，这是什么角？

师：你能用你手中的三角板也变出一个新角来吗？试试看。

师：谁愿意上来给大家展示一下？

师：你变出来的是什么角？

（5）动脑筋。

分别说出钟面是1时整、4时整、9时整时时针和分针所成的角是什么角。6时整时，时针和分针所组成的还是角吗？（备用）

这节课我们认识了哪两位新朋友？它们有什么特点？

四、身份证号码里的小秘密

（一）为什么营业员一眼就能识破

这是"数字与编码"教学的一个活动案例。

1."不法分子制作了一个假身份证"

师：同学们喜欢听故事吗？

生：喜欢。

师：今天老师给大家带来了一个故事。一个不法分子制作了一个假身份证，但当他拿着这个假身份证到银行冒领别人的存款时，却被一个普通营业员识破了。其实这个假身份证确实做得无可挑剔，完全可以以假乱真，可为什么营业员看了一眼就识破了呢？

（学生有的在思考，有的在小声地议论）

2. 身份证号码中的每个数字都有特定含义

师：原来身份证号码中的每一个数字都有它的作用。身份证中代表性别的号码是有区别的，制假的人疏忽了这一点，所以露出了破绽。身份证是我们每个同学都有的，我们今天一起来研究数字编码的规律。（板书课题：数字与编码）

（二）说说你知道的身份证号码

1. 信息的采集与分析

师：课前老师请大家调查了爸爸妈妈、爷爷奶奶以及自己身边其他人的身份证号码，相信大家一定都有不少收获吧。谁来说一说你都收集到了哪些人的身份证号码？是多少？

（生答师板书号码）

生1：我收集了我爸爸妈妈的身份证号码，我爸爸的是4210××××××××××4351，我妈妈的是4210×××××××××××9322。

生2：老师，我收集的也是我爸爸妈妈的，我妈妈的身份证号码是4230×××××××××××1288，我爸爸的是4210×××××××××××1471。

生3：我收集的是我妈妈的身份证号码4210×××××××××××8422。

生4：我问的我妈妈，爸爸的身份证号码是4230×××××××××××0559，妈妈的是4320×××××××××××3022。

师：看来大家收集了不少身份证号码，可见大家课下肯定是用心去调查收集了，这种学习的精神非常值得肯定和表扬。

2. 探讨身份证编码的秘密

（1）分组讨论，探索规律。

师：老师相信大家在了解的过程中一定知道了很多身份证编码的知识，请大家四人一组交流一下你所了解的身份证编码的知识吧！

（学生热情地交流，纷纷把自己所知道的知识都讲给其他小组成员听，教师巡视）

师：经过刚才大家的一番交流，我相信你们一定都知道了不少有关身份证编码的知识。

师：谁来说一说你都了解了哪些身份证编码的知识？

生1：我知道身份证号码有的是15位、有的是18位。

（生上讲台结合师板书说，并用手指给大家看）

师：你知道为什么有的15位、有的18位吗？

生1：因为我们国家的人口越来越多了，原先15位的身份证号码有些不合适了，所以身份证号码升级了。

生2：还有就是随着年份的增加，如果身份证号码不升级的话，就容易发生混淆。比如他是2010年出生的，如果还像老身份证那样编排，就容易让人理解成他是1910年出生的了。

师：你们了解的知识可真多呀！真是让老师刮目相看。

师：谁能告诉大家新增加的三位在哪儿？

生3：（学生都积极踊跃地举手）老师，我知道新增加的三位在身份证号码的第7、8和18位。（学生上台标出）

师：谁还有不同的发现吗？

生4：我知道身份证的前六位数字代表地址，1、2位代表省，3、4位代表市，5、6位代表区。（并结合自己知道的身份证号码说明一下）

师：你了解得非常准确，而且表达得很清楚，我相信大家也都听得很清楚了，对吗？

生：听清楚了。

师：还有谁想继续说一说身份证编码的其他规律？

生5：我知道老身份证号码的7~12位表示某个人的出生年月日，新身份证号码的7~14位表示某个人的出生年月日。

师：大家同意吗？

生：同意。

师：好，既然你们知道了这个规律，老师想考一考你们。（师指出黑板上的一些身份证号码）你们知道这个人（××××××670709322）是哪年哪月哪日出生的吗？

生6：1967年7月9日。

师：这个呢？（××××××197010091288）

生：她是1970年10月9日出生的。

师：为什么这个人的身份证号（××××××197010091288）的出生年月日1970年10月9日的"9"用09来表示呢？

生7：用"0"来占位的，不然身份证号码的位数就变成17位了，就不同了，所以10以内的日期都要用"0"来占位。

师：你真聪明！

师：大家还了解到什么了？

生8：我知道出生日期的后三位是顺序码，是把这一天出生的人按照一定的顺序排列起来，其中老身份证的最后一位和新身份证的倒数第二位表示性别，男单女双。（生上黑板说明并标出）

师：大家都知道了吗？（师板书顺序码）大家知道了老身份证的最后一位和新身份证的倒数第二位表示性别。那么这个人（××××××661128422，师在黑板上指出）是男是女？

生：（异口同声地说）女的。

师：（指出）××××××196904070559呢？（男的）

师：咱们把身份证号码的每一位数字分别代表什么含义了解得差不多了，还有哪一位没说？

生9：新身份证号码的最后一位。

师：你观察得真仔细！你能说说它表示的含义吗？

生9：新身份证的最后一个数字是个人信息码。它通常由计算机自动生成，用0～9来表示，有时用X来表示，也就是罗马数字十的意思。

（2）总结规律

师：同学们了解到的身份证号码的知识可真多呀。（表扬学生主动探索的精神，并将以上知识进行总结归纳）

师：同学们知道了有关身份证编码的这么多规律，如果告诉你们老师的身份证号码你能从中了解我的哪些个人信息呢？（师出示身份证号码）

生：我知道老师是江西省抚州市乐安县人，1969年10月16日出生，是女性。

师：你们都同意吗？（同意）

师：那你们认为身份证号码要表达的意思用文字能表达吗？

生：能。

师：既然可以，为什么还要用数码来表示呢？

生：因为用数码表示比较简明，便于管理和记录。

师：另外，老师告诉同学们，身份证是我国个人唯一的法定个人身份证件，一定要妥善保管，不要转借他人。

（三）联系实际想一想，拓展编码思维

1. 我还知道生活中的数字编码

师：我们现在很多人还没有身份证，大家可以回家后看看自己在户口簿上的身份证号码。我们也可以利用学习的身份证编码的规律自己在练习本上编写一个身份证号码，编写后在组内交流。

师：谁来说一说给自己编的身份证号码？

生1：我编的是36252619941230××××。

师：你能说说是怎么编的吗？

生1：我的前六位就是我父母的前六位，后面8位是我的出生日期，最后的四位不知道我用四个叉号来表示。

生2：……

师：其实在我们的实际生活中像这样运用数字编码的例子有很多，你们都知道哪些呢？

引导学生举出生活中运用数字的例子，如电话号码、车牌号码、邮政编码、商品编码、学号、报纸杂志的刊号等。

2. 问题与实践：替学校设计学生学号

替学校给全校同学设计一下学号，通过这个学号能看出是哪个年级哪个班级，并且体现出男、女，该怎样设计？（在练习本上完成，指生汇报）

3. 引申探究，培养能力

（1）总结这次实践活动情况，评价学生参与活动的表现。

师：今天这节课我们一起学习了数字与编码，了解了身份证号码的含义，也知道在我们的实际生活中有许多运用数字编码的例子，数字编码与我们的生活息息相关，编码有许多学问，用到了许多数学知识，希望同学们在课下能够多观察、多积累。

（2）布置课后实践作业：继续收集数字编码的知识及其在其他领域的运用情况。

（四）实践活动的教学反思

1. 联系学生的生活实际激发学生学习兴趣

华罗庚说过，学生认为数学枯燥乏味、神秘难懂的原因之一便是脱离实际。笔者认为课前把邮政编码知识的教学改为贴近学生生活，而且将来使用频率比较高的身份证知识的教学，是这堂课成功的地方。首先，学生便于收集资料并从中获取有关身份证编码的知识；其次，相对于邮编，学生对身份证号更感兴趣，这能够激发学生的学习热情，对于上好一堂课至关重要。

2. 以学生为主体予以适当点拨

由讲故事引入，能够吸引学生，学生听到制假分子出示假身份证被营业员识破时，都非常好奇，急于想知道其中的奥秘。学生的积极性高了，都踊跃地将自己收集的材料展示给大家，积极地与大家交流自己所了解的身份证编码的知识。在共同的交流过程中，学生学习到了更多的知识。本节课充分实现了以学生为主体，教师予以适当引导的策略。

3. 数学知识源于生活，用于生活

生活问题数学化，数学知识生活化，把所学知识应用于生活实际，不但可以使学生感到所学的知识是有用的，而且可以提高学生灵活运用所学知识解决实际问题的能力。本节课笔者设计了两个环节：第一个环节，让学生利用所学知识编出自己的身份证号码；第二个环节，让学生给全校的学生设计学号。通过以上环节，学生从中深深地体会到数学就在我们的身边。

五、游玩中的数学问题

（一）分享遗憾，引出问题

教师播放游乐园游玩项目的介绍视频。

师：看完视频同学们也猜到了这是什么地方吗？

师：你以前去游乐园玩，有什么遗憾吗？

生1：时间不够，没玩到想玩的项目。

生2：带去的零花钱用完了，最后的自费项目钱不够，玩不了。

生3：一直在排队，都没有玩几个项目。

生4：……

师：每次游玩都会有遗憾，我们怎样才能减少游玩的遗憾呢？

生1：时间加长。

生2：带足够多的钱。

生3：和同学组队，分开游玩，随时通报排队进展。

生4：要提前做好规划，如选择合适的交通工具、选择人流量少的游乐园等。

生5：……

师：老师刚才捕捉到一个非常重要的词，就是"规划"。每次游玩出现的遗憾，原因无非在于没有规划好时间，没规划好零用钱的使用，等等。如何运用已经学过的知识解决游玩中的数学问题，如何通过优化和合理规划提高游玩的质量，综合运用数学知识解决问题，这是一件非常有趣的事情。

（教师出示课件）如果全班同学一起去游乐园玩，要提前规划好什么？

学生回答：买门票、租车……

（板书：确定出发时间、怎样购买门票、合理规划游玩路线）

师：你们真厉害啊！在短短时间内就想到要规划这么多。今天呢，我们就来探究游玩中的数学，以小组为单位完成一份游玩攻略。

（板书：游玩中的数学）

师：视频中的同学们知道能去游乐园玩，也非常兴奋，来听听他们在讨论什么。

（画面切到几位同学在兴奋地讨论）

生1：太好了！又可以和同学们去游乐园玩了！

生2：对！还有出行方式，要租车！

生3：还要提前把同学们分好组，分组进行游玩。

生1：可以按我们平时的4人小组。

生2：到了游乐园，我们要先拿游乐园的地图，规划好想玩的项目。

生1：对！规划好游玩路线。

生2：对了！还要确定出发时间和地点。

生3：出发地点可以定在学校，出发时间呢？

生1：我回家查一下游乐园的营业时间，我们再确定吧！

……

（二）做好规划，提高游玩质量

在教学过程中，通过引导小组合作，制定游玩攻略，完成课堂教学目标。

1. 确定出发时间

师：他们遇到了什么问题？

生：不知道怎么确定出发时间（不知道还要查什么信息）。

师：谁来帮助他们？（谁知道还要查什么信息？）

生：查询游乐园营业时间，计算学校到游乐园所需要的时间。

师：学校到游乐园所需要的时间怎么计算呢？

生：通过路程和速度计算。

（出示：开始营业时间9点30分、学校到游乐园的距离为30千米、汽车平均每小时大约行驶60千米）

师：同学们，你们觉得几点出发比较合适？

学生根据这些信息，确定出发时间。

生1：9点出发。

生2：我不同意，路上可能会堵车，还要买门票，我认为应该更早一些出发，8点30分出发。

（如果学生说不出来，就提示路上可能会堵车、到了之后还要购票检票，需要多预留一些时间）

师：你作为小组织者考虑得真周到！我们应该比9点更早一些出发。

师：请小组长拿出"游玩攻略"，填上合理的出发时间。

2. 怎样买门票

师：在大家的安排下，全班同学和两名带队老师顺利地来到了游乐园。

（出示游乐园票价）

团体票每人90元（满50人可购买）；

成人票每人150元；

学生票每人80元。

师：这三种票看得老师眼花缭乱啊，你们看懂了吗？这里有几种门票？团体票要怎样才能购买？49人可以买吗？50人呢？

师：你理解得太对了！

师：我们班的学生加上两名带队老师，能否购买团体票？

师：我们可以怎样买门票呢？请小组把购票方案写在攻略上。

小组探究，展示购票方案。

方案一：购买50张团体票

$90 \times 50 = 4500$（元）

方案二：购买2张成人票和48张学生票

$150 \times 2 + 80 \times 48 = 4140$（元）

师：这两种购票方案，你喜欢哪一种？为什么？

生：我喜欢第二种购票方案，因为它省钱。

师：你可真会理财呀！在两个或多个方案中找出最优的方案，这种思想在数学中叫"优化"。

（板书：优化）

3. 选择游玩项目，合理规划游玩路线（上午）

师：我们9点30分准时入园了！现在请小组长分发游乐园的地图手册。

请同学们先看看地图，对于地图你有哪些不明白的地方？

（课件出示路线图）

学生提出疑惑。

（视频解答）

这里只展示了游乐园的部分地图，有A、B、C三个区，同一项目可重复玩，部分项目需要另外收费。

同一区域内，游玩项目间的距离非常短，步行时间可忽略不计。

不同区域间可选择乘车或步行前往，乘车一次3分钟，5元一人；步行需要12分钟。

其中飞车表演和马戏团表演的场次都是固定时间的。请大家别错过观看表演的时间哦！祝大家游玩愉快！

师：在规划游玩路线时，我们需要注意什么？

（课件出示）游玩注意事项：

（1）游玩开始时间9：40，集合时间11：00。

（2）集合地点：餐馆。

（3）每人有50元零花钱。

（4）4人一组，要有团队意识，少数服从多数，服从小组长的安排。

师：谁可以响亮地读一遍？

师：你们对今天上午的游玩，还有哪些疑问吗？

师：你们上午想玩哪些项目？

师：选择游玩项目时，要注意什么？

生1：注意游玩时间是9：40到11：00，游玩总时间是80分钟。

生2：注意每人的花费不能超过50元。

师：如果出现意见不一致怎么办呢？

生：少数服从多数，听从小组长的安排。

师：老师相信你们可以自己安排好！请大家商量你们小组今天上午要玩哪些项目，填入游玩攻略中，然后规划游玩路线。

学生小组探究，完成活动单并进行小组汇报。

小结：如何在不浪费钱的前提下，尽可能多地玩自己喜欢的项目？

（板书：合理规划）

师：今天我们运用所学的数学知识共同解决了游玩中的数学问题，你们太棒了！经过这次模拟游玩，你们有什么感想吗？

生1：我学会了合理规划好游玩路线。

生2：要选择最优的方案。

生3：学好数学可以解决生活中的许多问题。

师：你们知道我们今天做这份游玩攻略运用了哪些数学知识吗？

生1：知道路程和时间，求速度。

生2：算排队和游玩时间。

生3：求经过时间。

师：你们说得太好了！数学源于生活，用于生活！

（板书：数学源于生活，用于生活。）

师：不只是游玩，生活中我们也会遇到各种数学问题。希望大家可以好好学习，真正把学习到的知识运用到生活中，来解决我们日常生活中遇到的问题。

（三）实践活动的教学反思

外出游玩是所有学生都感兴趣的话题。如何引导学生在感兴趣的话题中科学运用已有知识，小组合作寻找解决问题的最优路径和最佳方案，是课堂教学过程中的重点和难点。

将"制定攻略"的总目标分解为"确定出发时间""买门票""选择合适的游玩项目"等子目标，引导学生识别生活中需要解决的问题，通过制订不同的方案并做出最优选择，培养学生的比较分析能力和问题解决能力，使学生感悟数学源于生活、用于生活，从而感受学习数学的乐趣，获得学习数学的信心。

第 十 章
模式引领数海扬帆

基于连续多年的研究基础，广州市花都区的小学数学教研形成了"基于问题情境的主题研修"模式，并在区域内多所学校实践，积累了丰富的经验，获得了丰硕的教研成果。

一、基于问题情境的主题研修模式

"基于问题情境的主题研修模式"实施路径主要包括主题选择、理论提升、课堂实践、策略提炼四个环节（图10-1）。

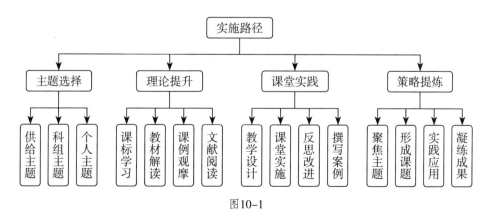

图10-1

（一）主题选择——主题研修的前提

选择合适的主题是开展基于问题情境的主题研修的前提。主题是否有效是影响主题研修能否成功的重要前提。基于问题情境的主题主要有三个来源：一是供给主题，由区域教研负责人根据区域学科的教学现状、学期或学年重点工作目标来确定研修主题；二是科组主题，学校根据各自的学科教学重难点、科组共性问题确定研修主题；三是教师个人根据学科教学的疑难以及专业成长的困惑确定研修主题。三类主题在某种程度上可能会有重复，需要区域教研负责人和学校科组负责人根据实际情况适当调配。

（二）理论提升——主题研修的基础

确定研修主题后，教师、科组和教研组进入理论提升环节，这是主题研修的重要基础。理论提升的途径包括课标学习、教材解读、课例观摩、文献阅读等四类。自《义务教育数学课程标准（2022年版）》发布以来，课标的学习将变得更为重要，这要求教师的首要任务就是领会课程标准内涵，明确课标对研修主题目标的界定以及针对的核心素养要素，切实把新课标教育理念和基本要求落实到课堂教学中。教材解读关系到教师的课程设计、课程组织与实施，更关系到教学目标的实现、教育目标的达成；教材解读不仅仅是对教材内容的解读，更重要的是对学生发展和学校社会背景的整体解读，要在此基础上，从教学环境分析、课程目标设置、课程内容组织、课程实施和课程评价五个方面进行全方位深度解读，才可以把握教学设计的方向。课例是教师课堂教学"轨迹"的真实反映，课例观摩是以"课例"为载体、以观察为手段、以教学问题为对象、以互动对话为特征、以行为改变为目的的教学研究行为，是主题研修活动的重要载体。文献阅读可以帮助教师了解该主题的研究历史和进展，了解其他优秀教师的研修思路，找到该主题最值得探究的地方开展深入研究和实践。

（三）课堂实践——主题研修的重点

课堂实践是主题研修的重要载体，也是主题研修的重点。课堂实践有规范可循，包括研制教学设计方案、课堂实施、反思改进、撰写案例。基于深度思考的教学实践的反思是教师二次成长的关键。在项目实践过程中，教师从备课、上课、自我评价、反思改进逐步发展为更高级的教学诊断反思，包括记录、观察检索等，最终发展到更高级的反思：能够对教学案例资源库进行建设，能够做到对教学进行分类，能够对课例的原理进行说明。

（四）策略提炼——主题研修成果的升华

在基于问题情境的主题研修模式中，策略提炼作为主题研修成果的升华，对于成果的理论提升和成果凝练非常重要。在项目实践过程中，参与的教师通过课题研究的形式对研修主题进行"小主题、广覆盖"的深度研究，通过写作将默会知识向明言知识进行转化，并开展教学研究和基于此的成果分享。

在以上模式基础上，广州市花都区也形成了以区域研修为指导，基地校为引领的小学数学主题式校本研修模式，在研究学生学习、改进教学方法、优化作业设计、基于真实问题的解决等方面发挥了指导作用。该模式已在广州市花都区小学数学课堂实践多年，经总结提炼形成了有效的教学举措，通过撰写研究成果报告、展示交流成果，辐射周边区域，为区域内学校发展、教师专业成长以及学生学科核心素养提升做好专业引领与技术支撑。

二、主题研修活动实录

新雅街广塘小学主题研修活动

为加强广州市花都区数学教师队伍建设，促进我区数学教师教学相互交流和同步发展，广州市程彦名教师工作室的十多名成员，在2021年12月2日下午到新雅街广塘小学开展数学科的送教活动，主题是"基于真实情境解决数学问题的研究"。（图10-2）

（a）　　　　　　　　　　　　　（b）

图10-2

此次送教活动由来自新华街第五小学的徐敏华主任主持，主要有四项议程：

活动的第一项议程是，由新华街第七小学的林艳芬校长在我校三年级（1）班进行课例展示《认识几分之一》，工作室的专家成员们以及我校的数学教师合计二十余人齐聚三年级（1）班，一起观摩了这节优秀的公开课。林校长的数学课堂生动有趣，教学条理清晰，课件制作精美，重视对学生的动手操作能力的培养，她给予孩子们小组合作交流的指导，善于点拨学生的思维和激发学生学习的积极性。瞧，我们三年级（1）班的孩子学得多认真、多专注，孩子们在轻松愉悦的氛围中掌握了新的知识，又是收获满满的一天！（图10-3）

（a）　　　　　　　　　　　　　（b）

（c）　　　　　　　　　　（d）

图10-3

活动的第三项议程是，由凤神实验小学的高艳群校长进行的一场精彩又接地气的数学讲座，主题是"'国测''双减'背景下，如何提高学生的学习能力"。（图10-4）目前正处于"国测""双减"的大形势下，高校长的讲座真是一场及时雨，为参与的教师提供了很多宝贵实用又有针对性的参考意见。高校长主要从三个方面来论述如何提高学生的学习能力：①培养低年级学生的读题能力；②培养学生的画图能力；③培养学生的推理能力。她列举了大量的数据和学生案例，让在场的教师大开眼界，大家都对高校长为提高学生的学习能力做出如此精辟科学的研究表示敬佩。最后，高校长与大家勉励："国测"方向，体现思维；"双减"政策，不减质量；改变理念，勤于思考；教学策略，行之有效。

（a）　　　　　　　　　　（b）

图10-4

活动的第三项议程是大家根据工作室的安排，分成四个小组，对林校长的课例进行议课。大家围绕四个课堂观察量表——教材使用和课程资源开发、教学问题的设计与处理、教学流程与时间分配、学生的行为观测，展开了热烈的交流和讨论，畅所欲言，碰撞出很多思维的火花。最后各个组长集合组员们的意见和建议轮流发言，大家对林校长的课例《认识几分之一》进行了专业到位的点评，各抒己见，现场学术讨论的氛围积极热烈（图10-5）。见到此情此景，程彦导师情不自禁地对大家的这种投入研讨的精神表示赞赏。

图10-5

不知不觉就到了活动的第四项议程，由工作室的主持人程彦导师开展主题为"基于真实情境解决数学问题的研究"的学术讲座。程彦导师强调各个学校要重视校本教研，提出"1+3"校本研修，"1"是确定主题，"3"是活动项目。创设真实情境是为了让学生主动参与，不是被动接受。教师要善于找到课堂的观察点，通过观课、议课，提升使用教材、教学设计等能力。最后，程导师建议各校根据评课的四个观察维度进行全面而精准的备课，为我们今后更加有效地开展数学的教学、教研活动，提升学生解决数学问题的能力，指明了努力的方向，并给予了方法的指导。（图10-6）

图10-6

广大附中紫兰学校主题研修活动

秋风添衣秋意盛，桂花摇得贵人来。2021年11月11日下午，广大附中紫兰学校小学部数学科组开展了以"'双减'导航，趣味导学"为主题的数学教研活动，结合该校的"雅趣课堂"教学模式，探索"双减"背景下课堂"提质增效"的方法。紫兰师生迎来了花都区教育发展研究院小学数学教研员程彦老师。程老师精彩的课堂展示、鞭辟入里的点评，使教师受益满满，如饮甘醇。

第一节课例展示是谭芷敏老师执教的一年级的《认识钟表》。谭老师以孩子们喜闻乐见的卡通人物来创设情境吸引学生的学习兴趣，巧妙引入课题，课中通过读儿歌、你拨我说等多种形式的游戏活动，使学生动口又动手，轻松愉快地开展学习。在谭老师的引导下，学生初步认识了时针和分

针，并能结合生活经验总结出读、写整时的方法，感受到了数学与生活的密切联系。（图10-7）

图10-7

第二节课例展示是张芷青老师执教的二年级《数学广角——搭配》。该课由找出密码锁打开神奇的数学王国大门这一趣味情境导入，极大地激起孩子们学习的兴趣，随后进入数学王国探究，让学生通过思考、操作、合作、探究，发现知识、掌握知识。整节课在趣味闯关游戏中进行，在快乐的情境中学习。在张老师的引导下，学生通过自主探究，成功地掌握了有序排列、巧妙搭配的方法，体验了学习数学的乐趣。（图10-8）

图10-8

　　听课后，交流研讨环节在会议室进行（图10-9）。程彦老师以精辟、独到的见解，分别对两节课给予了肯定的评价，对学生良好学习习惯的养成提出表扬。程老师点评两位教师的课堂都有注重对学生审题能力的培养；注重对学生发散思维的培养，引导学生多角度、多维度地思考问题；注重学生思维的可视化，通过开展小组合作，积极调动学生学习兴趣，提升学生的语言表达、文字表达等多方面能力；注重对学生进行及时的清晰明确的评价。在"双减"政策下，对于中低年段数学作业的设计，程老师建议可以多开展数学阅读，并且试着培养学生学会讲题，在动口动脑过程中达到高效作业的目的。

（a）

（b）

图10-9

广州市花都区小学数学基于真实情境的问题解决主题教研

为了夯实教师驾驭课堂教学的基本功，提高区域小学数学教师问题解决的教学能力，促进学科教研能力的稳步提升，2021年10月29日，广州市花都区"解决问题"主题教研活动在云山学校田美校区举行。本次活动由广州市花都区教育发展研究院小数科主办，云山学校田美校区承办，广东省教育研究院鲍银霞、花都区教育局城区教育指导中心副主任周泽民、花都区教研院程彦、花都区教育局城区教育指导中心林玉茹、北片教育指导中心钟带娣及花都区每所学校的中年级骨干教师、广州市程彦名教师工作室成员、骏威集团部分骨干教师、云山集团旗新小学代表教师以及云山学校田美校区全体数学教师参加了本次活动。

活动伊始，教研员程彦阐述了开展本次主题教研活动的意义，明确了主题教研活动的思路，并根据本次活动特意设计了课堂观察量表，请在场的教师从四个不同的维度进行课堂观察。（图10-10）

图10-10

课例展示，精彩纷呈

第一个课例是由新华街云山学校骆艳红老师带来的《购物问题的数量关系》。骆老师以日常购物的情境导入，引出"单价、数量和总价"的概念，让学生感受到生活中处处有数学。学生通过 5 个数学活动，在探索解答的过程中加深了对"单价、数量和总价"及其三者之间数量关系的理解。本课通过解决具体问题、抽象出数学模型、解释并说明模型、用模型解决问题的四个步骤，让学生在课堂中充分经历知识构建的过程，学生的思维能力和数学表达能力得到了充分的发展。（图10-11）

（a）　　　　　　　　　　　（b）

图10-11

赤坭镇赤坭圩小学的周志珍老师展示的课例为《求一个数是另一个数的几倍》。学生经历了将"求一个数是另一个数的几倍"的实际问题转化为"求一个数里面有几个几"的数学问题的过程，初步学会用转化的方法来解决简单的实际问题。周老师在一系列的建模过程中，培养了学生有序思考问题的习惯和用算式表达思维过程的能力。（图10-12）

（a）　　　　　　　　　　　（b）

图10-12

花东镇九一小学的江晓彤老师展示了精彩课例《游玩中的数学》。江老师擅于激发学生已有的知识经验，培养学生合理规划和优化的意识，提高学生数学知识的综合运用能力和解决生活中数学问题的能力。学生在合作交流的学习过程中进一步提高观察思考、比较分析、合作学习的能力，从而获得学习数学的信心，感受到学习数学的乐趣。（图10-13）

（a）　　　　　　　　　　　（b）

图10-13

以评促研，以教促学

课后，执教的三位教师分别对自己的课堂教学进行了反思（图10-14）。骆艳红副校长从"文献法备课"和"基于真实情境的解决问题"这两个方面对教学进行了介绍。"文献法备课"帮助教师把握教材、熟悉目标，横纵向了解知识脉络。教师通过对教学本质和理念的理解，选择教学方法和学习方法并整合成教学设计，从而以其指导课堂教学行为。在课堂中，骆艳红副校长创设真实情境，把课堂分为5个教学活动，让学生经历"观察—交流—猜想—推理—验证—实践"的学习过程，促使学习真正发生。

周志珍老师从教材出发，却又不局限于教材，选择了贴近生活的教学内容，紧密联系生活实际。学生通过系列操作过程后，能用语言把解决问题的思路表述出来，在直观形象的图形中进一步理解倍的含义。整个数学活动以学生为主体，让学生自己找倍数关系、自己提问、自己解答，周老师在教学时充分顺应学生的原有认知并进行相应的引导，充分发挥学生学习的自主性，取得了良好的学习效果。

江晓彤老师通过创设畅玩游乐园的生活情境，以游玩为主线，让学生以小组为单位完成一份游玩攻略，学生运用已学知识发现并解决游玩中的数学问题，并渗透优化、合理规划的思想。在这个探究过程中，学生进一步提高了观察思考、比较分析、合作学习的能力，从而获得了学习数学的信心，感受到学习数学的乐趣，同时，在活动中感受"数学源于生活，用于生活"。

（a）

（b）

（c）

图10-14

广东省教研院鲍银霞教研员对本次研讨活动给予了高度肯定，对广州市花都区教研活动良好的氛围和教师认真学习的热情表示赞赏。她认为，三位教师都具有新颖的教学理念，她们认真严谨的教学促成了出彩的课堂。教师的教学理念体现了义务教育数学课程标准的要求，教学设计以学生为中心，利用生活中的真实情境帮助学生理解知识，学生思维活跃，参与度高。鲍老师为我区数学教研活动指明了方向，向数学教师提出了要求：数学教师应该坚持素养导向、强调学科实践、推进综合学习、落实因材施教，不断提升学生解决问题的能力。（图10-15）

图10-15

永不停歇，砥砺前行

怀一颗炽热之心，赴一场学习盛宴。本次教研活动，既为小学中年段"解决问题"主题的课堂指明了方向，也让我们获得了深刻的启示，从而努力推进教学工作向纵深方向发展。相信本次教研活动定能让全体数学教师感受到教学研究之路漫漫，让我们一起努力，夯实内功，促进学生全面发展，让每个生命都绽放绚丽光彩！

深度分析，在教研中成长

为引领区域小学数学教师的专业发展，提高教师的教学研究能力和教学创新能力，由区教研室程彦老师牵头，在花都区云山学校举行了花都区三年级数学科学课堂课例展示活动，分别由花都区莘田小学陈燕娜老师和圆玄小学毕凤平老师进行授课展示，给全区150位三年级的数学教师提供了一个互相学习、共同进步的平台。

本次的教研活动有三个环节，分别是上课、评课和研讨总结。

第一环节：课例展示

陈燕娜老师执教三年级"四边形"（图10-16）。陈老师这节课体现了从教教材转向用教材教，找准切入点，让学生通过多样的分类小组合作，通过体验四边形的形成过程，掌握四边形的特征，真正体验学中乐、乐中学。

（a）　　　　　　　　　　　（b）

图10-16

毕凤平老师执教"分数的初步认识"（图10-17）。毕老师教学风格清新，从分数的概念入手，层层递进地展开教学，通过对话交流方式深度带动学生研究，认识几分之一，在研究的过程中获得积极的情感体验，体验学习的快乐。

图10-17

第二环节：说课环节

陈燕娜老师对"四边形"进行说课，汇报了她是如何通过巧妙的教学策略去击破本课的重难点，帮助学生更好地掌握四边形的知识。（图10-18）

图10-18

随后，狮岭镇数学教研员钟带娣老师对两位教师的课进行点评以及分享了她备课、磨课的心得。其中，钟老师提到上数学课就应该有数学味，那才是一节成功的数学课。可谓听君一席言，收获百万千。（图10-19）

图10-19

　　紧接着，毕凤平老师与她的圆玄小学团队给我们分享了对于一节公开课应该如何进行备课、磨课的经验，给广大的数学教师提供了一种意识、一种方法。（图10-20）

图10-20

第三环节：活动总结

　　最后由区教研室的程彦老师对本次活动进行总结升华，并对与会的教师提出了注意孩子思考力的培养、注意过程性经验的累积和注意真正意义上的理解的三点要求，以加速广大教师的专业成长。（图10-21）

图10-21

本次活动充分利用区优秀教学资源，创造性地将教研与教师学习相结合，极大地提高了教研工作的实效性，将进一步提高花都区数学教师的教学教研水平。

基于问题的磨课——历练成长，收获感悟

2021年11月23日上午，广州市花东镇莘田小学的陈燕娜老师和花都区园玄小学的毕凤平老师，为我们大家呈现了两节不一样却又同样精彩的课例。他们的课堂导入新颖、有趣，复习铺垫针对性强，教学环节紧凑，教师点拨到位，学生参与积极，在动口、动脑、动手中自主经历了知识形成过程。（图10-22）

（a）

（b）

（c）

图10-22

正所谓"好课多磨"。精彩课堂的背后，其实是上课教师不断的历练，辛勤的付出，也是教研团队集体智慧的结晶。美玉要打磨，好课靠琢磨。要上出一堂精彩的好课，需要对教案、教学流程进行反反复复的修改；要进行试教，请同科组的教师、专家、名师来听课、评课，进行指导；还要结合自己的教学风格反复研磨。这个过程就是我们广大教师俗称的"磨课"。

非常感谢区教研室程彦老师为我提供了一个学习的平台，让我有幸参与了花东镇莘田小学陈燕娜老师的磨课。本次磨课，我收获良多，感触也很多。这次磨课启发了我今后开展片区教研活动的一些思考。

下面，我和大家分享一下此次磨课历程的一些体会与思考。

1. 磨课是教师的练功场

磨课为教师提供了历练的平台，磨课有助于提高教师的教学水平和教研能力，使其养成积极思考的习惯。磨课的过程是一个成长的过程，每次磨课，教研团队在一起共同讨论，思维在交流中碰撞，许多真知灼见在相互交流中产生，那是集体智慧的结晶。磨课不但促进了执教者的成长，参与磨课的每一位教师也都得到了提升。像陈燕娜老师，一个仅仅工作了几年的新教师，她在这次的磨课中得到了很好的提升。磨课使得莘田小学的教研氛围更加浓厚，进一步加强了教研团队的凝聚力。

下图为陈燕娜老师在校内的第一次磨课（图10-23）。

（a） （b）

图10-23

下图为校内数学科组集体评课（图10-24）。

（a） （b）

图10-24

下图为陈燕娜老师在校内的第二次磨课（图10-25）。

（a） （b）

图10-25

下图为狮岭教育指导中心钟带娣老师、花东教育指导中心张运权老师、区小学数学科中心组成员黄靖怡和马燕珠老师、莘田小学数学科组集体评课。（图10-26）

图10-26

我认为，镇本教研、校本教研都应该积极开展各学科的磨课活动，使其成为常规的教研活动，成为教师提升教学素养的练功场。

磨课会让集体备课更有实效，会让科组教研更实在，磨课有时就会磨出精品课，磨出骨干教师，甚至名师。

2. 磨课不是简单的反复试教

我认为，磨课不是简单的反复试教，不是仅仅停留在熟悉教学环节上。我们要磨教学环节的设置。教学环节的设置要本着简约高效的原则，要为实现教学目标服务。例如，陈燕娜老师"四边形"这节课，我们从复习导入到探究新知的活动设计，再到巩固练习的设计，都经过了几次的推敲、修改，力求磨出自然的教学过程，回归教育的本真。陈老师原先是让学生涂一涂、分一分。当学生汇报后，四边形只是停留在课件中，而课件过了就没有了。后来改成当学生汇报后，老师就把图形从课件中抽象出来，再张贴在黑板上，但这样老师包办了全过程，学生没有亲身经历分类的过程。我们还是认为，课堂应该还给学生。于是就有了今天的探究活动，老师只是提供各种图形素材给学生，让学生自己来分类，自己汇报分类的理由，从而引出四边形，并归纳出四边形的特征。通过这样的操作，学生能在辨析中明确四边形的特征，由感性认识提升到理性认识（图10-27）。

图10-27

我们还要磨细节。例如，对于板书设计，有些教师认为有课件的呈现，就不需要板书。有些教师为了方便快捷，就采用板贴的方式呈现。陈老师一开始也是采用板贴的方式呈现（图10-28）。但我们认为，粉笔的板书是教师的基本功。而且，适时地根据学生的归纳汇报，再板书四边形的特征更合适。于是就有了今天的板书设计。但今天的板书，我个人认为应为"4条直的边"而不是"4条边，直的"，这样会更干脆利落，更严谨。当学生描述四边形特征时，语言也会更规范。

图10-28

教师的数学语言也应该细细琢磨，不要有半句废话，引导语、过渡语、总结语也都要做到心中有数、干脆利落。正如程彦老师所说，数学需要安静地思考。我们应该用最少的话语还给学生最多的时间，还学生一个真正的课堂。

3. 如何让数学课上出"数学味"

在2021年11月14日的磨课中花都区教研室程彦老师先进的教学理念、独特的教学见解、一针见血的点评，让我们受教受益。程老师说，数学课要上出"数学味"。她的这一句话引发了我的思考：如何让数学课上出"数学味"呢？

我想，我们教师都应该让学生在数学学习中品味数学的各种味道，进而见识到数学的美，领略到数学的内在魅力。在数学课堂上，在学生学习数学知识的同时，我们要让学生领悟数学思想方法，形成数学素养。

有些教师课上得热热闹闹，学生表面上学得很开心，但一堂课下来，学生只记住了美羊羊、喜羊羊这些卡通人物，课堂总结时，学生也只会说玩游戏很开心。例如，在陈老师的"四边形"这节课中，练习二"小巧手"这个环节原先是这样设计的：用剪刀剪四边形的组叫作功夫熊猫组，用钉子板围四边形的组叫作超级兔子组，用七巧板拼四边形的组叫作青蛙王子组，组名说起来还挺拗口的。这个环节开始，陈老师问谁想加入"功夫熊猫"组，谁想加入"超级兔子"组，谁想加入"青蛙王子"组，学生的热情被点燃了，但教师却有自己的安排，没有按学生的意愿去分组，这时有些同学泄气了，有些同学唠叨着不想当兔子。（图10-29）

（a） （b）

图10-29

我想，数学应该是简洁明了、干脆利落的，不需要花哨。所以我们建议像今天这样的课分组明确、指令到位就可以了。本环节重在让学生在动手操作中"做数学，学数学"。我们不需要创设花里胡哨的情境，这会影响教学的有效性。我们需要的是数学思维的厚重感。

教研员深入课堂示范引领　青年教师立足讲台稳步成长

2018年12月13日上午，花都区小学数学骨干教师主题研修在骏威小学拉开序幕。此次研讨活动的主题为"基于新课标、教学用书及教材解读的小学数学课堂深度学习研究"，由花都区教研室程彦老师牵头，各镇街教研员、中心组特约教研员及部分骨干教师参与了本次活动。

活动共展示了三节课和一个讲座。前两节课是黄梨丽老师和许珈敏老师的同课异构《解决问题》（图10-30），后一节课由程彦老师亲自示范。

从两位新教师的上课流程和上课效果来看，他们均整合了所在学校数学科组的力量，进行了集体备课和反复磨课，抓住了解决问题的三个基本步骤，设计了适合低年级孩子的游戏和活动，找到用"数一数""摆一摆""画一画"甚至"算一算"等策略来解决"排队中"的简单数学问题。不仅如此，教师还强调了在解决问题时，使用策略固然重要，具有合理运用策略的意识同样重要。可谓相同的课题，不同的精彩！

（a）　　　　　　　　　　　　（b）

图10-30

接下来，程老师亲自示范如何基于解读课标、教学用书及教材深度开展数学课堂教学。虽然是首次和学生见面，但程老师能够充分调动学生的积极性，和学生打成一片，这体现了程老师深厚的功力。程老师紧紧围绕周长的本质是什么、认识周长有哪些关键点、周长的知识和哪些已有知识有关及周长有什么用等四个问题，充分让学生观察、描述、比画各种物体和图形的周长，设计了精彩的活动帮助学生抓住周长的本质、理解周长的意义。（图10-31）

（a）

（b）

（c）

图10-31

展示课结束后，两位新教师所在学校的备课组组长介绍了两位教师磨课的过程。

最后，程老师就如何解读教材做了主题演讲（图10-32）。程老师以"周长"为例，展示了三个版本（苏教版、人教版、北师大版）的教材对周长的处理，通过对文本的深度解读，开展和学生的深度对话。程老师不仅站在了一定的理论高度，而且学习在她的课堂中真正地发生了。

（a）　　　　　　　　　　（b）

图10-32

主题研究引方向　　听评活动促提升

"天时人事日相催，冬至阳生春又来。"2020年12月21日上午，花都区教育发展研究院第五期教研论坛在花都区教育局11楼会堂举行。本项目负责人程彦老师以"关于落实'听评课'活动的探索与实践"为题做了精彩的专题发言。（图10-33）

图10-33

《关于进一步加强花都区中小学教师备课及听评课管理的实施意见》提

出"一个强化、两个统一、三个整合和四抓"，要加强学科备课组管理，坚持"两个一"的活动，要开展"1+3"主题导研活动。

程老师指出了我区现阶段教师备听评课的不足：听课前缺乏准备，听课中关注点不全面，评课缺乏有证据的观点。程老师以观测量表进行量化评价：A观测量表包括教学目标与教学设计量表、教师教学行为量表和学生学习行为量表，B观测量表包括教学问题的设计与处理量表、教学流程的时间分配量表、学习习惯与学习态度量表和学习效果检测量表。量表内容详细，具有很强的科学性和可操作性。

程老师以《确定起跑线》一课为例进行分析，并提出其中存在的问题：①在数学问题典型性的特征中，过程性的数学问题居多，数学连接问题不够；②在数学问题关联性的特征中，延伸性关联的问题偏少，低、中、高年级数学问题的关联性差异不大；③在数学问题情境性的特征中，数学问题多以一种情境呈现，数学问题普遍脱离实际生活，中高年级比低年级操作学具的机会更少；④在数学问题开放性的特征中，知识点巩固以机械练习为主，中高年级比低年级选择解决问题的机会更多。为了解决以上问题，程老师给出了五个解决对策：①数学教师需加强对教材的把握力；②数学教师应以学生为本开展教学；③数学问题要联系实际生活；④数学问题可以通过动手操作辅助解决；⑤数学问题需增进学生思维。

深圳交流　共同提升

2019年12月1—3日，广州市名教师程彦老师工作室成员一行10人来到了深圳市罗湖区，进行了为期3天的交流研讨。行程虽短，学习内容却非常丰富：同课异构、沙龙研讨、专题讲座。其中，工作室成员徐敏华与罗湖区、番禺区另外两位教师一起同课异构《年月日》。不同的主题，不同的收获。程彦老师和工作室的成员与徐敏华老师磨课。（图10-34）

（a）　　　　　　　　　（b）

（c）　　　　　　　　　（d）

图10-34

　　徐老师参考人教版的内容和素材资源，在设计教学方法时根据学生已有的知识和在实际生活中积累的年、月、日方面的感性经验，设计了一个前置作业：让学生课前收集年、月、日方面的资料。

　　课堂上，徐敏华老师创设情境，把数学知识与生活相联系，激发学生的学习兴趣，体现数学的应用价值；注重以学生为主体，通过观察、分析、合作交流等活动，引发学生思考，培养学生学会学习；练习设计巧妙，有层次性、开放性，在巩固新知的同时拓展学生的思维、培养学生的创新意识。（图10-35）

图10-35

　　课后，深圳市罗湖区教研员穆传慧老师对三位教师的课进行了点评。首先，穆老师向三位教师提出了三个问题：在这节课里，设计最核心的内容是什么？最遗憾的一点是什么？板书设计思路是什么？然后，穆老师根据三位教师的回答和上课情况进行点评。徐敏华、蔡丹妮、林洁璇三位教师根据学生已有的学习经验选择教学方法。对于不同版本的教材，处理的方法却是一样的：使数学问题生活化、生活问题数学化，让学生在学习中感受生活情境，直接从生活中提取素材，进行数学分析，寻求数学解决。教无定法，贵在得法，其得法是指要保证学生学习的主体地位，要符合学生学习的认知规律。在同课异构活动中，三位教师风格各异，却都注重了学生的主体地位；教学手段和活动不尽相同，却都充分发挥了教师的主导作用；教学内容的侧重点不同，却都各自围绕其教学重点展开教学。

　　专题讲座："基于数学核心素养解决问题的教学策略"

　　深圳市光明区小学丘燕飞老师给我们做了题为"基于数学核心素养解决问题的教学策略"的专题讲座。丘老师的专题讲座通过核心素养的要求来阐述教学策略与方法，特别介绍了解决问题的教学怎么做到得法。他通过对比应用题与解决问题的异同，让我们更加肯定了解决问题促进学生数学核心素养达成的作用，需要进行重组教材、重拾教法、重构练习去解决"解决问题之难"。最后，丘老师还教大家学习了几种魔术，在他看来，魔术跟数学是相通的。只要能激发学生的学习兴趣，适时为课堂"添彩"，又何乐而不为呢？（图10-36）

图10-36

名师课堂：四年级《三角形内角和》

在这次研修活动中，穆传慧老师为我们展示了一节《三角形内角和》示范课（图10-37）。教学中，穆老师非常重视学生的自主探究、合作交流、积极参与整个课堂教学，让学生在体验中感受知识、在体验中积累知识、在体验中运用知识、在体验中促进核心素养的发展。穆老师注重培养学生的逻辑思维，通过让学生动手量、拼及推算验证三角形内角和是否等于180°，使得教学由浅入深。在穆老师的指导下，学生大胆质疑，抓住了数学变与不变的关系，深入理解了三角形内角和是180°。

图10-37

沙龙研讨：今天，我们如何做教师

穆传慧、程彦、李巧儿三位名师与在场的教师共同交流"今天，我们如何做教师？"的话题（图10-38）。人工智能的飞速发展，让身处信息爆炸时代的学校和教师感受到了压力与挑战，所以教师要提升自己的专业素养和道德修养，为学生的现在负责，也要着眼于学生的未来，真正成为能传道、授业、解惑的经师。

图10-38

专题讲座：实现每一个学生的学习权

教育教学要以学生为中心，以学为本，每一节课都要努力做好三项修炼：课前慎思、课中笃行、课后思辨。基于此，穆老师提出了"五学课堂教学模式"：问学、探学、讲学、练学、拓学。（图10-39）课前教师要根据教学内容、学生学情设计好教学目标，巧妙运用思维导图设计各个教学环节，注重环节与环节的切换导入要顺其自然和艺术化；课中教师要设置问题驱动，创设非常实用的探究活动，激发学生兴趣，让学生积极参与课堂，主动分享探究成果，教师评价以鼓励为主，做到及时和多元化，教师面对生成资源要能敏捷追问，巧妙运用错误的生成资源，促进学生兴趣盎然地深入探究，获得结论，构建知识，享受成功的喜悦；课后教师要反思学生这节课参与课堂兴趣浓不浓，探究活动好不好，教学过程是否完美，学生的思维能力能否得到最大限度的提升。教师要根据学生的认知规律，保证学生的主体地位，从而实现每一个学生的学习权。幸福的时光是短暂的，三天的学习之旅，学员们开阔了视野，学习了知识，提升了能力，交到了朋友，最关键的是，增强了做好教师的信心！

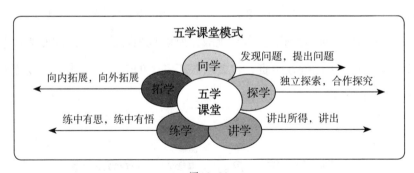

图10-39

粤桂联盟研修　携手共促发展

金秋送爽，丹桂飘香。2020年9月21—23日，广西小学数学主题教研暨"粤桂教育教学论坛"活动在广西南宁如期举行。广州市花都区小学数学教研团队有幸得到组委会的邀请，与来自浙江义乌以及广西南宁、崇左、柳州的专家同台献课。

本次活动由广西教研院主办，旨在进一步加强粤桂浙几地的教育交流，鼓励教师树立先进的数学教育思想，探讨基于核心素养的小学数学关键问题教学，创新教学模式，优化教学方法，促进基础教育质量的提升。活动采用线上线下相结合的形式，分为专家讲座、课例展示、专家点评及教研沙龙等环节，近123万人次参与了学习和交流。

作为应邀方，花都区骏威小学毕锦华老师执教了课例"长方形与正方形的整理与复习"，花都区教育发展研究院小学数学教研员程彦以该课为例做了"如何在复习课中体现学生的主体地位"的讲座。花都区小数团队以"讲座+课例"的形式评研融合，受到现场的领导和专家的高度肯定以及线上参与教师的纷纷点赞。

程彦老师首先介绍了花都小数科如何按花都区教育局文件要求，以课堂为主阵地，加强学科组和备课组管理及落实"1+3"主题导研活动，将备课、听评课落到实处；接着，以"长方形和正方形的整理与复习"为例，详细介绍了小学数学"1+3"主题教研的完整环节，阐述了数学复习课应充分了解学生的学情、体现学生的主体地位、注重知识的深入探究。学生通过对数学知识进行复习整理，要能够发现和感受数学知识的结构性与系统性，对所学知识进行整合和灵活应用；最后，强调了以学生为主体，并不是一味放任，而是让学生在教师的引导下去探究、去交流，在学生知识体系形成的过程中，教师要找准自己的角色定位，积极实行启发式、合作式和探究式教学，激发学生独立思考和创新意识，切实提升教学质量。

平时教研活动见图10-40。

图10-40

　　本次活动在广西教研院黄兰妹主任的总结和对教师的殷殷期盼中落下帷幕（图10-41）。活动虽然画下了句点，但是粤桂两地小学数学教师的合作交流不会停止。趁着课堂教学改革的东风，扬帆启航正当时。

图10-41